A vida me ensinou

Editora Appris Ltda.
1ª Edição - Copyright© 2021 do autor
Direitos de Edição Reservados à Editora Appris Ltda.

Nenhuma parte desta obra poderá ser utilizada indevidamente, sem estar de acordo com a Lei nº 9.610/98. Se incorreções forem encontradas, serão de exclusiva responsabilidade de seus organizadores. Foi realizado o Depósito Legal na Fundação Biblioteca Nacional, de acordo com as Leis nos 10.994, de 14/12/2004, e 12.192, de 14/01/2010.

Catalogação na Fonte
Elaborado por: Josefina A. S. Guedes
Bibliotecária CRB 9/870

F992v
2021
	Furtado, Henrique
	   A vida me ensinou / Henrique Furtado. - 1. ed. - Curitiba:
	Appris, 2021.
	    131 p. ; 23 cm.
	
	   ISBN 978-65-250-0889-9
	
	1. Memória autobiográfica. 2. Saúde. I. Título.
	
	                                 CDD – 808.66692

Livro de acordo com a normalização técnica da ABNT

Appris editora

Editora e Livraria Appris Ltda.
Av. Manoel Ribas, 2265 – Mercês
Curitiba/PR – CEP: 80810-002
Tel. (41) 3156 - 4731
www.editoraappris.com.br

Printed in Brazil
Impresso no Brasil

Henrique Furtado

A *vida me ensinou*

FICHA TÉCNICA

EDITORIAL — Augusto V. de A. Coelho
Marli Caetano
Sara C. de Andrade Coelho

COMITÊ EDITORIAL — Andréa Barbosa Gouveia (UFPR)
Jacques de Lima Ferreira (UP)
Marilda Aparecida Behrens (PUCPR)
Ana El Achkar (UNIVERSO/RJ)
Conrado Moreira Mendes (PUC-MG)
Eliete Correia dos Santos (UEPB)
Fabiano Santos (UERJ/IESP)
Francinete Fernandes de Sousa (UEPB)
Francisco Carlos Duarte (PUCPR)
Francisco de Assis (Fiam-Faam, SP, Brasil)
Juliana Reichert Assunção Tonelli (UEL)
Maria Aparecida Barbosa (USP)
Maria Helena Zamora (PUC-Rio)
Maria Margarida de Andrade (Umack)
Roque Ismael da Costa Güllich (UFFS)
Toni Reis (UFPR)
Valdomiro de Oliveira (UFPR)
Valério Brusamolin (IFPR)

ASSESSORIA EDITORIAL — Lucas Casarini

REVISÃO — Ana Paula Pertile

EDIÇÃO DE CONTEÚDO — Joyce Moysés
Carmen Cagnoni

PRODUÇÃO EDITORIAL — Rebeca Nicodemo

ASSISTÊNCIA DE EDIÇÃO — Marina Persiani

DIAGRAMAÇÃO — Daniela Baumguertner

CAPA — Sheila Alves

COMUNICAÇÃO — Carlos Eduardo Pereira
Débora Nazário
Karla Pipolo Olegário

LIVRARIAS E EVENTOS — Estevão Misael

GERÊNCIA DE FINANÇAS — Selma Maria Fernandes do Valle

COORDENADORA COMERCIAL — Silvana Vicente

Dedico este livro aos meus filhos, Priscilla, Fabrício e Marcelo, e aos meus amados netos, Felipe, Rafaella, Leonardo, Isabella, Julia e Melissa.

AGRADECIMENTOS

Agradeço à minha esposa, Hagda, pela ajuda incondicional e por me fazer muito feliz.

Ao meu pai, Jerominho, por tudo que me ensinou. E à minha querida mãe Leontina (*in memoria*) por sempre ter me acolhido com muito amor e carinho.

PREFÁCIO

Um exemplo de coragem e de vida

O professor Henrique B. Furtado, referência na cirurgia cardíaca brasileira, traz aos leitores, com sensível leveza, a possibilidade de enxergar com os olhos dele, compartilhar belas experiências, o que aprendeu e viveu, o sabor de uma vida construída com trabalho digno, dedicação e competência desde a juventude pobre como engraxate no interior de Minas Gerais, mas sempre com foco na medicina, área em que conquistou muitas vitórias e tem reconhecido sucesso.

Nesta obra, ele viaja por diferentes experiências como exímio médico, bom colega, envolvente professor, compreensivo pai, carinhoso avô, marido parceiro e homem de fé, crente em Deus, pois transmite aos leitores lições após a doença, como buscar a coragem para enfrentar dificuldades e superar desafios, e mostra ainda como recomeçar. No entanto, a personalidade forte, inquieta, agregadora, de líder obstinado, detalhista e exigente, sempre o fez tomar decisões, porque um lutador busca vitórias, e Henrique conta suas estratégias neste livro.

O professor frequentou os mais importantes hospitais do Brasil e do mundo, elevou a credibilidade da medicina tocantinense trazendo conhecimentos, aplicando-os em milhares de pacientes, também do Sistema Único de Saúde (SUS), e ensinando essas experiências aos mais jovens. É um privilégio conviver com este honrado, bem-humorado, exigente e respeitado colega.

Ele decidiu continuar atuando no que gosta, pois o trabalho para ele é um presente de Deus, é fazer o que mais ama, e passou a viver mais intensamente cada momento com os familiares e amigos na fazenda onde recarrega suas energias, após o câncer e a Covid-19.

Apesar de tanto já ter feito, deixa a lição de que o ser humano pode e deve desenvolver a autoestima e o amor-próprio, entendendo que é importante valorizar e direcionar toda a energia positiva para agir como uma pessoa simples, vivendo o hoje com intensidade. Ele explica que todos são abençoados e sempre podem fazer muito mais.

Conforme o autor: no cronômetro da vida, ninguém sabe o tempo que ainda terá, portanto, faça o próximo minuto valer muito a pena. Há inúmeras outras interessantes reflexões que certamente irão fazer o leitor aproveitar cada segundo da vida para ser mais feliz ao ler este livro.

Marcos Musafir

Ortopedista e traumatologista, cursou a Faculdade de Medicina Souza Marques e se formou em 1980. Foi residente de Ortopedia e Traumatologia (1981-1982) no Serviço do Professor Nova Monteiro no Hospital Miguel Couto. É concursado do Hospital Universitário Clementino Fraga Filho, da Universidade Federal do Rio de Janeiro (UFRJ) desde 1985. É mestre em Ortopedia e Traumatologia pela UFRJ. Foi chefe da emergência do Hospital Miguel Couto (1988-1994). Foi diretor do Comitê Internacional da Década dos Ossos e Articulações da ONU (2001-2010). Elegeu-se o 40º presidente da Sociedade Brasileira de Ortopedia e Traumatologia (SBOT) em 2007. Atuou como consultor para Trauma e Medical Officer da Organização Mundial da Saúde em Genebra (2008-2010). É autor de vários artigos, capítulos de livros e participou de mais de 300 conferências no país e no exterior. Em 2013, foi diretor do Instituto Nacional de Traumatologia e Ortopedia (Into), do Ministério da Saúde. Em 2014, foi secretário estadual da saúde do Rio de Janeiro. De fevereiro de 2016 a abril de 2018, foi secretário estadual da saúde do Tocantins. E, desde 2019, é assessor da direção-geral do Hospital Universitário Clementino Fraga Filho da UFRJ.

APRESENTAÇÃO

Não é fácil a tarefa de apresentar o Henrique, principalmente num momento tão especial. As dificuldades começam pelas incontáveis referências que possui na intensidade, na dinâmica e na sua forma de viver e encarar a vida. Não há dificuldades que o façam esmorecer, recuar ou entregar-se em defesa de si ou das pessoas que ama. Força, coragem, competência e perseverança não lhe faltam.

Contagia a todos com sua presença esbanjando largos sorrisos e calor humano; distribuindo, sem limites, abraços e movimentos onde e com quem esteja. Todos iguais! É assim e ponto.

É um verdadeiro guardião da saga da família Furtado; filho de uma segunda geração de imigrantes portugueses na defesa intransigente dos alicerces e dos valores morais e éticos da cultura europeia conservadora. É por isso que não é de esperar nada. Sempre faz acontecer!

Assim, sua vida é balizada pelo amor e acolhimento aos familiares e amigos num esforço constante para construir relações familiares e sociais sólidas e duradouras. E o oceano não foi o limite para sua formação... é assim que aprende e que ensina; é assim que, extrapolando também os limites geográficos, escolheu nascer no interior das Minas Gerais; fonte inesgotável de aprendizagem social, humana e de construção inabalável de belezas, na simplicidade e nos vínculos indissociáveis com a vida, com a fé e com o meio ambiente. É assim que gosta e sabe viver!

Não menos diferente é sua jornada profissional. Era uma paixão latente! É um estudioso e um incansável professor. Desde jovem eu já tinha certeza de que seria um cirurgião cardíaco. Certa feita, estávamos acompanhando seu pai – meu tio – em uma pescaria. Enquanto cortávamos o coração de boi para fazer iscas, ele, alheio à pescaria, dissecava esse órgão explicando seus tecidos, artérias... estragando a isca...

Wilter Furtado

Membro da Academia de Letras Artes e Música de Ituiutaba (Alami), Cadeira 100.

SUMÁRIO

Introdução 15

1
O hoje é resultado de uma longa caminhada.................. 19

2
Resiliência como base de vida............................. 25

3
Ouse sonhar os maiores
e mais lindos sonhos..................................... 31

4
Humildade para aprender é essencial....................... 41

5
Confiança deve ser algo conquistado...................... 51

6
Vocação é vital na trajetória............................ 59

7
Empenho traz reconhecimento.............................. 67

8
Missão dada é missão cumprida............................ 81

9
Determinação é o que nos leva adiante.................... 93

10
Evolução pelo conhecimento............................... 109

Conclusão 127

Introdução

Um grande recomeço

Ter um tumor maligno, ou outra doença grave, nem sempre significa o fim. Pode ser um grande recomeço. Um reinício em vários sentidos. O câncer foi descoberto em 2013, quando eu tinha 60 anos de idade e estava formado há 37 anos, sentindo-me absolutamente saudável.

Diante de um diagnóstico desses, o médico sofre ainda mais, porque imagina todas as consequências e possíveis complicações. Mas eu decidi confiar na medicina. Essa foi a primeira de várias decisões importantes que tomei, a partir de conselhos que recebi.

O primeiro deles foi para eu me aposentar. Porém, sempre fui inquieto, agitado, aquele tipo de pessoa que faz mil tarefas ao mesmo tempo. Sem contar que eu não queria usar minha doença para obter benefícios com relação à aposentadoria. Daí eu tirei um dos primeiros grandes ensinamentos da minha vida pós-câncer: nós devemos persistir no trabalho, nas nossas atividades e em tudo mais que a nossa condição física nos permitir.

O segundo conselho também envolvia, de certa forma, trabalho: diminuir o ritmo para ter qualidade de vida. Mas, como eu já mencionei, sempre fui acumulador de funções. Eu sou professor da Universidade Federal do Tocantins (UFT), fui vice-presidente da Sociedade Brasileira de Cirurgia Cardiovascular, tive grande atividade na política médica, tendo sido, em 2002 e 2003, secretário estadual da saúde do Tocantins em dois governos, entre outras inúmeras atividades. Mesmo me conhecendo muito bem, decidi desacelerar.

Com o passar dos dias, fiquei um pouco deprimido e busquei auxílio terapêutico (eu já havia feito 10 anos de psicanálise, e, confesso, foi um dos melhores investimentos da minha vida). Fui consultar um colega da UFT, professor Dr. Flavio Dias, um excelente psiquiatra, que concluiu que eu não tinha nenhum distúrbio grave. Na avaliação dele, a minha vida foi de lutas intermináveis, e mudar radicalmente o meu estilo poderia não ser o mais adequado. Eu não tive dúvidas: não só voltei ao ritmo anterior, como também adicionei mais 10%, 20% de tarefas. E isso me fez muito bem, acredite!

Quem faz o que gosta não pode considerar o que está fazendo como trabalho.

Por isso, tem uma frase que eu repito sempre: eu nunca trabalhei. Porque todas as missões que Deus me deu foram coisas que eu adoro fazer. Ensinar, tratar pacientes, operar e desenvolver trabalho científico são atividades que eu amo.

É claro que depois do diagnóstico da doença, eu passei a valorizar ainda mais ter qualidade de vida e a priorizar o que é importante para mim. Hoje, fico com a minha família, visito os meus três filhos regularmente, curto os meus seis netos, faço coisas de que gosto, como ir à fazenda, e vivo cada momento intensamente.

Tenho uma companheira, Hagda, desde 2004, com quem me casei em 2018 (pois meu primeiro casamento durou 25 anos). Ela é uma pessoa maravilhosa, que me proporciona muita alegria, respeita meus filhos, adora meus netos… eu brinco dizendo que ela ganhou seis netos sem ter sido mãe, e isso é uma dádiva. Nós temos uma vida muito feliz.

Com a minha doença controlada, eu passei a valorizar ainda mais aquilo que todos nós sempre falamos, mas colocamos em prática poucas vezes: ter amor-próprio e viver com mais qualidade. Porque, bem no fundo, queremos acreditar que nada de mal nos acontecerá, que somos super-homens. Com este livro, quero mostrar que somos simplesmente humanos.

Há um cronômetro ligado, não sabemos por quanto tempo mais. Então, devemos ter prioridades que façam o próximo minuto valer muito a pena. Essas e tantas outras lições que a vida me ensinou é o que eu quero e prometo compartilhar nas próximas páginas.

Compartilho desde a minha infância humilde em Ituiutaba, no Triângulo Mineiro, passando pelos meus sonhos de juventude, pela descoberta apaixonante da medicina, até todas as minhas experiências profissionais e de vida que me trouxeram até aqui.

Deus me abençoou, e eu tenho resultados profissionais de destaque no mundo todo, na cirurgia cardíaca paulista e tocantinense. Sou convidado, com frequência, a participar de congressos internacionais, mas nada disso me deixa envaidecido. Todos os dias de minha vida eu vivi intensamente e de acordo com o que acredito ser correto e bom para as pessoas.

Neste livro, quero compartilhar o que enxergo como o que mais interessa na vida, que é fazer o que se gosta e ficar feliz com os resultados que a natureza, as forças espirituais e celestiais lhe proporcionam.

Tenha sempre claro na mente que não é preciso ficar preocupado com o futuro, mas, sim, fazer bem as coisas do momento e fazer o momento tão intenso, como se ele fosse o último. Porque, se ele for, de fato, você o viveu da forma adequada. E que esse bom julgamento não seja somente seu, mas partilhado por todos!

Nós temos de ser gratos, tranquilos, construir a nossa felicidade e deixar felizes as pessoas que estão ao nosso lado, fazendo com que elas se encantem conosco. Eu quero tentar fazer isso neste livro! Fazer com que você se encante com meu sopro de vida carregado de muita energia e histórias para contar!

O hoje é resultado de uma longa caminhada

A vida me ensinou... *nós devemos persistir no trabalho e nas atividades que a nossa condição física nos permitir, mesmo enfrentando uma doença grave. Por isso eu trabalho normalmente. Não fico muito preocupado com o futuro nem valorizando o passado. Eu vivo o HOJE.*

No meu *hoje*, vejo que a minha doença, diagnosticada em 2013, está controlada; e eu continuo trabalhando como sempre. Devo me aposentar por tempo de serviço do cargo de professor efetivo da UFT.

Portanto, eu não segui aquele primeiro conselho que recebi logo que descobri a doença, para que eu me aposentasse por questões de saúde. Ao contrário, persisti no meu trabalho como cirurgião cardíaco, professor e pesquisador. Agora, já estou aposentado como funcionário público do estado do Tocantins por 35 anos de serviço prestado.

Eu tenho uma visão ainda mais clara de que a gente deve fazer as coisas das quais gosta para que seja possível, num momento um pouco mais adiante, ter a sensação de que nunca se trabalhou. Por isso, quando faço uma análise da minha trajetória, vejo que todas as coisas que executei fiz porque eu gostava.

É lógico que nesse curso da vida há várias situações que nos desagradam. Mas, ao pensar na possibilidade de voltar no tempo e descobrir que faria tudo exatamente como fez à época, você se convence das próprias escolhas. E, quando gosta da tarefa, realiza-a bem.

O grande segredo do sucesso é fazer tudo muito bem-feito!

Eu, por exemplo, sou bastante detalhista na cirurgia cardíaca. Os meus assistentes até ficam bravos comigo! Porém, existe uma rotina que tem de ser cumprida à risca - e disso eu não abro mão -, caso contrário, pode comprometer a segurança do doente. Cuidar está na minha missão.

Desde o primário eu tinha o desejo de ser médico. Nem sabia ao certo como fazer isso. Quando descobri que dava para estudar medicina sem pagar, esse foi meu dia de glória! Meus pais eram humildes e nem sabiam me explicar como proceder. Até que um professor de matemática, de quem eu gostava bastante, Rosenvaldo Morais Coelho, contou ser possível me tornar médico estudando em faculdade pública.

Criança ainda, com oito, nove anos de idade, eu participava do pelotão de saúde da escola. Usava aquele chapeuzinho da Cruz Vermelha e um avental branco e ia de classe em classe para ver se os alunos tinham cortado as unhas, se estavam asseados. Ali começava um projeto que eu jamais abandonaria, ao contrário, agregaria muitos braços.

Eu nasci em 1.º de janeiro de 1953 e ingressei na faculdade de Medicina no segundo ano do ensino médio, com 17 anos de idade - precisei ir até Ponta Porã, atualmente localizada no estado de Mato Grosso do Sul, fazer madureza para ser liberado do último ano, mas isso eu conto em detalhes mais para frente. Tenho título de especialista em cardiologia clínica, em cirurgia cardiovascular, em terapia intensiva, em medicina do trabalho e MBA em gestão de saúde, além de mestrado.

Trabalhei com os grandes profissionais da área, como com o Dr. Adib Jatene. Realizei a primeira cirurgia de Ross na América Latina, em 1988 (já famosa na Europa, naquele tempo), um trabalho importantíssimo que rendeu capa na revista *Veja* e reportagem no Fantástico. Hoje, muitos médicos fazem esse tipo de procedimento, indicado especialmente a pacientes jovens, com muito sucesso no Brasil.

Trago na bagagem a vivência na medicina de décadas atrás, quando os recursos ainda eram escassos, e a tecnologia de hoje ainda estava no papel e na cabeça de alguns sonhadores, idealistas assim como eu. Em 1978, tive a oportunidade de conduzir pesquisas no Brasil, no Instituto Dante Pazzanese de Cardiologia, sob a supervisão do Dr. Camilo A. Neto, sobre a válvula de pericárdio bovino (vou revelar detalhes desse projeto no decorrer do livro).

E assim segui, pesquisando, ensinando, curando. Não quero me vangloriar, mas sob minha responsabilidade já foram operados mais de 13 mil pacientes – oito mil em Bauru e cinco mil no Tocantins, com índice de mortalidade próximo dos melhores do mundo – variando de 3,5% a 7%. E olha que, quando cheguei à região do Tocantins, no início de 1988, o estado ainda nem existia – nasceu em 5 de outubro daquele ano!

Construímos toda a estrutura de atendimento cardiovascular do novo estado, cuja primeira base foi no Hospital Dom Orione, em Araguaína. É importante ressaltar que, na cirurgia cardíaca, 95% dos pacientes vêm pelo Sistema Único de Saúde (SUS); e sempre ofereci tratamento igualitário, tanto para esses, quanto para os pacientes em regime particular. Por isso, eu recebo em troca muito carinho.

Em mais de 40 anos de cirurgia, nunca tive um processo médico. Qual é um dos meus grandes segredos? Comunicação.

Hoje, em virtude da forma como a medicina é feita, da falta de tempo e de disponibilidade das pessoas, alguns médicos não conversam com os pacientes, não expõem à família e ao próprio paciente o risco real. É preciso ser claro ao dizer: olha, você tem 96% de chances de ficar bem, mas 4% de ter complicações. Você tem ciência disso? Você quer isso? Todos têm o direito de dizer "não quero operar". Essa conversa eu sempre tive e com muito tato. E sempre fui gratificado por isso.

Recebo dos familiares uma energia tão boa! Agradecimentos fantásticos! Eu operei uma senhora de Recife, por exemplo, cujo marido fazia arte com jatobá e bucha vegetal. Um dos destaques do trabalho era o casal Lampião e Maria Bonita. E eles (Maria de Lurdes e Chico, como eu os chamo carinhosamente) trouxeram a escultura no "colo", com todo o cuidado, durante a viagem de ônibus de Recife a Palmas, para me presentear – são quase 1700 quilômetros!

Então, eu digo que só a medicina, ou principalmente a medicina, proporciona esse tipo de recompensa.

A minha trajetória na área de educação também foi riquíssima e feliz. Comecei lá atrás, muito jovem, dando aulas de reforço para alunos com notas baixas, fui professor de inglês e cheguei a professor concursado da UFT. Na universidade continuo atuando na área de pesquisas, também.

Entre os projetos, destaco os desenvolvidos em conjunto com a Liga Acadêmica de Cardiologia da UFT, como um suporte de aço inox para uso em cirurgia que rendeu patente para a universidade, ou um estetoscópio amplificador do som do sopro do coração – já existe o aparelho na Europa e nos Estados Unidos, mas custa muito caro.

Um aluno, sob minha orientação, produziu o aparelho gastando apenas 65 reais em peças eletrônicas, pesquisa que já foi apresentada em vários congressos brasileiros, inclusive em São Paulo. Então, essa minha passagem pela UFT é de uma riqueza enorme sob o ponto de vista educacional.

Hoje, entro no hospital da universidade e vejo alunos meus assumindo plantão, anestesiando para eu operar... isso me dá um prazer pessoal que não tem preço. E fico imaginando outro ensinamento...

A vida também me ensinou... o que você produz de bem é só um ponto inicial que se amplia de forma piramidal para fazer bem a outras pessoas. Não devemos priorizar o ganho financeiro. Ele é consequência obrigatória de um trabalho correto e honesto, e não objetivo.

Reconhecimento também é resultante de ações acertadas. Estou entre os 250 *fellows* no mundo, da International Academy of Cardiovascular Sciences (Iacs). Isso me orgulha muito, pois a organização é como se fosse uma academia de medicina mundial. E a maioria dos membros é pesquisador cardiovascular que atua exclusivamente em laboratório.

A vida me ensinou

Alguns anos atrás, eu fui fazer uma conferência em Lima, no Peru, na Universidade Cayetano Heredia. Na época, o professor Naranjan Dhalla, diretor executivo e presidente honorário da Iacs – que reside em Winnipeg, no Canadá –, encantou-se com a minha palestra e ressaltou uma característica pessoal: eu faço pesquisa, mas tenho a prática clínica muito bem elaborada, bem como a prática de educador.

A maioria dos cientistas fica em laboratório, atuando com pesquisa, e no ensino. Nada contra, mas esse meu link clínico, cirúrgico, mostra como é importante a real aplicação das pesquisas. Dessa forma, passei a dar palestras em vários países, além do Brasil.

Fato é que, no decorrer de toda a minha trajetória profissional, eu sempre gostei de fazer várias atividades ao mesmo tempo. E o aprendizado me diz que isso não é 100% bom – o ideal é ter foco. No entanto, se tudo tem dois lados do ponto de vista de resultado, agora eu tenho várias alternativas. Incluindo outra prazerosa opção: cuidar da minha fazenda no Tocantins, pois adoro criação de gado e lá também tenho meia dúzia de cavalos.

Alguns passos nesse caminho foram sofridos, por isso não quero retornar nem um dia a fim de refazer escolhas ou vivenciar tudo de novo – mesmo que eu pudesse. Quero viver muito bem o *hoje*, sem me preocupar tanto com o amanhã.

A cada dia está mais difícil ter sucesso profissional, financeiro e familiar? Sim, mas a grande sabedoria para construir esse triunfo ainda é trabalhar naquilo que se ama e, ao mesmo tempo, construir uma boa relação familiar. Em vez de focar no futuro, procure-se em fazer bem suas coisas no presente, como se só houvesse o *hoje*.

Resiliência como base de vida

A vida me ensinou... *a presença de um problema sério não deve nos levar a entrar em depressão profunda e a não fazer mais nada da vida, mas, sim, à clarividência de que precisamos melhorar ainda mais as coisas nas quais acreditamos. É o que eu faço, e tem dado muito certo. E eu tenho certeza de que isso pode funcionar para todas as pessoas.*

Meu filho mais novo, Marcelo, fala muito que sou um dos maiores exemplos de resiliência que ele conhece, pois tomo uma pancada imensa, caio no chão. Dali três minutos eu levanto e continuo a luta como se nada tivesse acontecido. Igual àquele brinquedo João Bobo. Eu sempre tive essa capacidade. Porém, em todas as quedas eu aproveito para analisar todos os parâmetros e tirar algum aprendizado.

Então, acho que qualquer pessoa que tenha um diagnóstico complicado, como o meu, sofre muito. A primeira sensação, e que, acredito, vai me acompanhar pelo resto de minha vida, é a da perda, abrupta e injusta, do convívio com meus entes mais queridos. Olhar para os filhos, filha, netinhos e netinhas, sentir os olhos marejados de lágrimas e inferir que terá poucos e sofridos dias para estar com eles. No trabalho, o desestímulo de que nada mais vale a pena; até a sensação da perda material total nos deixa muito tristes.

As noites são muito longas e, não raras vezes, choradas em boa parte das horas. Nada consola. As palavras dos familiares, da esposa, dos amigos do trabalho não conseguem mudar muito a realidade. E para nós, médicos, ainda há o nefasto compêndio das complicações e do que nos espera (internação, cirurgia, unidade de terapia intensiva, radioterapia, quimioterapia etc.). O desânimo é total.

Porém, o jeito é se deixar levar pelas indicações médicas. Somado isso ainda à imutável ideia de que a maioria dos casos a medicina não cura. A maior parte das doenças se transforma em crônica, tornando o paciente dependente de medicação para toda a vida (diabetes, hipertensão, insuficiência cardíaca e também o câncer). O que fazer nessa hora? Onde está a resiliência? Então, à medida que a doença foi sendo controlada, percebi que devia procurar viver como vivia. E ainda melhorar minhas condições, aproximando-me mais das pessoas, fazendo o bem sem me vitimizar.

Uma lição? É importante não fazermos com que as pessoas pensem que estamos sendo vítimas de uma situação, pois nós não estamos.

Vou reiterar: a presença de um câncer não deve ser motivo para entrar em depressão profunda e não fazer mais nada da vida, parando de trabalhar e se afastando das pessoas... é preciso confiar nos tratamentos possíveis e encarar o problema, porque essa atitude positiva pode ser a mola propulsora para um reinício em vários sentidos.

Eu não tinha pressão alta, diabetes, absolutamente nada. Até que, em 2013, fui fazer um check-up rotineiro, e o exame da próstata apresentou um PSA (para os leigos, significa antígeno prostático específico) de 23 ng/ml, sendo que o nível considerado saudável para os homens geralmente é inferior ou igual a 4 ng/ml. Isso evidentemente me assustou. Mas, como expliquei antes, a minha decisão foi me fiar na medicina e ver o que aconteceria.

Realizei os exames necessários em Palmas, e a conclusão foi de que havia um câncer na próstata. Era operar, tirá-lo e acabar com o problema. Como meu filho Fabrício trabalhava no Hospital Sírio-Libanês na época, ele me orientou a fazer a cirurgia em São Paulo. Por feliz coincidência, eu acabei aos cuidados do grande doutor e professor Miguel Srougi, um dos principais especialistas no assunto do mundo. Após os exames pré-operatórios, ele me disse:

— Henrique, você tem metástase óssea.

A vida me ensinou

A metástase atingiu o osso da cabeça, o sacro (osso da coluna), a bacia, os ossos. Felizmente, não foi detectada em outros órgãos, como fígado e pulmão. Porém, com esse diagnóstico, eu não poderia fazer a cirurgia. Ouvi dele:

— É um câncer com muito poder de invasão, eu não vou operá-lo. Vamos fazer um tratamento por seis meses e, se esse PSA cair, poderemos comemorar e talvez operar.

Evidentemente, tomei um choque grande, mas (interessante!), naquele momento, não foi algo traumatizante, não. Creio que exercitei novamente o meu poder de resiliência e segui em frente, fazendo o que era necessário para a minha saúde... e trabalhando. Seis meses depois, o PSA estava zerado. E lá veio o Dr. Srougi dizendo:

— Vamos comemorar! Só que nós precisamos tirar a próstata, porque não existem estudos indicando que esse tumor inicial não ficará jogando células para o fígado ou para outros órgãos. E você terá de ficar em tratamento o resto da vida.

Fiz a cirurgia sob o risco de diversas complicações, mas tudo correu maravilhosamente bem. E as possíveis consequências, como incontinência urinária, eu nunca tive. Porém, em decorrência do câncer e do efeito colateral das medicações, passei a ter hipertensão arterial, colesterol elevado, intolerância ao açúcar, hipocalcemia (cálcio baixo). Mas não tem problema nenhum, pois tudo isso pode ser controlado!

Importante: mesmo sendo médico, não discuto ou questiono os procedimentos indicados. O que meu médico mandar fazer, eu cumpro religiosamente. Como evitar açúcar, por exemplo! Se eu sentar com você para bater papo, vou tomar o meu café sem adoçar. Ouvi de muita gente que ia me acostumar com isso - mas, para dizer a verdade, eu acho uma porcaria. Gostoso mesmo seria com açúcar, só que esse detalhe tornou-se menos importante.

Eu tomo três tipos de remédio no dia a dia: um para depressão, um anti-inflamatório e mais um para combater o câncer, que sou obrigado a ingerir estando quatro horas de jejum. Então, para não ficar sem comer o dia inteiro, encontrei uma forma de lidar: levanto quatro ou cinco horas da manhã para tomar o medicamento. Um tempo depois, lá vem outra caldeirada de comprimidos, mas isso não altera a minha qualidade de vida.

Creio que a resiliência é isso: não é se conformar, e, sim, olhar para a situação de outra forma, ressignificando as coisas, principalmente quando elas não são boas.

Embora a medicina já consiga tratar muito bem o meu tipo de câncer, há uma alteração biológica com a qual também venho aprendendo a lidar. Ciente disso, eu não posso encher a cabeça de todo mundo que está do meu lado com qualquer dorzinha. Sinto incômodo muscular? Eu não conto. Sinto tonturas? Eu não conto. Tenho zumbido no ouvido? Eu não conto. Tenho dores articulares e na coluna? Eu não conto. Tenho depressão? Eu não conto etc. etc. Todo mundo que me pergunta como estou, recebe a mesma resposta: eu estou caminhando, cantando e operando as pessoas todos os dias! Plagiando o meu querido primo-irmão Wilter Furtado.

Mesmo que fatos isolados possam parecer impedir de ser (ou fazer) alguma coisa, você só depende da sua resiliência e persistência para vencer.

Várias coisas podem influenciar o nosso modo de lidar com os reveses. E eu creio que uma delas pode ter a ver com uma vida pregressa de alguma forma. Em outras palavras, alguém que existiu anteriormente a mim talvez me ajude hoje a despertar uma força aparentemente inexplicável, que me torna mais resiliente e ilumina meu caminho.

Sou católico apostólico romano e prefiro acreditar que a morte encerra a vida, mas respeito todas as opiniões e religiões, incluindo aquelas que falam de vidas passadas. É que não tenho como explicar tudo que acontece na minha vida, considerando alguns fatos bem enigmáticos. Como este que vou contar.

O meu nome completo é Henrique Barsanulfo Furtado, sou natural de Ituiutaba, no interior de Minas Gerais. Nasci em 1953, em uma fazenda, pois meu pai era roceiro, daqueles de plantar mandioca, arroz, feijão. Ele me educou na religião católica. Fui coroinha, sempre cristão, sem considerar a hipótese de haver algo após a morte.

A vida me ensinou

Já minha avó paterna recebeu uma influência grande do espiritismo por meio da figura de Chico Xavier, líder espiritual muito famoso na região de Uberaba e em todo o Triângulo Mineiro. Por isso, ela me fez o favor de colocar Barsanulfo no meio do meu nome. Queria homenagear um médium espírita de Sacramento, outra cidade mineira, chamado Eurípedes Barsanulfo.

O tempo passou, e, em 1983, eu estava morando em Bauru, no interior de São Paulo, a mesma cidade onde vivia dona Albertina, médium espírita muito conhecida também. Pessoa boníssima, que preparava, havia vários anos, uma sopa comunitária para moradores de rua. Por mais dificuldades que aquela senhora enfrentasse, conseguia arranjar patrocínios para que o trabalho social sobrevivesse.

Pois bem! Um dia, ao conversar com dona Albertina, ela me falou:

— Doutor, posso dizer uma coisa para o senhor? Gostaria de lhe dar um livro do Eurípedes Barsanulfo. Posso? Porque eu vejo muito o espírito dele próximo do senhor.

— Opa! Se for para ele me ajudar, pode sim! — Brinquei.

Eu li e me surpreendi com as semelhanças. Durante sua vida (1880-1918), foi um garoto muito estudioso, inclinado ao ensino, lia muito sobre medicina, abriu uma farmácia voltada aos moradores necessitados da periferia de Sacramento, foi um político que implantou vários benefícios sociais e construiu histórias de curas incríveis. O mais interessante: esse livro trazia vários manuscritos dele, cuja letra é muito semelhante à minha. E olha que eu nunca tinha ouvido falar desse homem!

Daí, fiquei analisando o que me motivou a querer atuar na área de saúde. Na minha família, tinham pessoas das mais variadas profissões, só não médicos. Nem eu sabia como se fazia para estudar medicina. Como contei antes, quando soube que era possível um garoto simples, mesmo estudando em escola gratuita, tornar-se doutor, foi um dia de glória.

Realmente meus parentes contam que eu fui uma criança muito ativa e esperta, sempre tentando ajudar quem precisasse. Tanto que já participava do pelotão de saúde da comunidade com oito, nove anos de idade. E assim segui essa vontade... ou seria destino?

Digo isso porque, na minha vida profissional toda, sempre tive uma sorte danada com meus pacientes – assumindo casos gravíssimos. Outros médicos dizem que não vão operar, e eu opero. Se sentir que dá, eu faço. Com responsabilidade e bastante calma. As pessoas ficam admiradas. É da minha personalidade.

Também fui um dos melhores alunos de todas as fases de estudos na faculdade. Eu me dediquei, é claro, mas penso que pode ser que esse camarada que me "emprestou" o nome me ajude também. Quem garante que não?

Sou devoto de Nossa Senhora Aparecida e trabalho no maior complexo hospitalar do estado do Tocantins, Dom Orione, fundado pelo padre proclamado santo Luís Orione. Então, toda vez que viajo quase 400 quilômetros para operar no fim de semana em Araguaína (uma vez por mês, em geral), posto aos colaboradores da minha equipe no grupo do WhatsApp:

Partiu Araguaína.
Missão: realizar o número máximo de cirurgias com o máximo de competência, humanização e apoio às famílias.
Agradeço à diretoria, ao Dr. Arnaldo, ao padre… e vamos com a proteção de Nossa Senhora Aparecida, do Menino Jesus, da Virgem Maria, de São Luís Orione e de Eurípedes Barsanulfo.

Envio a mensagem acreditando muito nessa proteção conjunta. E desejando que, dessa forma, eu inspire a todos da minha equipe a olharem a nossa profissão sob a mesma óptica da missão que levo comigo por toda a vida.

3

Ouse sonhar os maiores e mais lindos sonhos

A vida me ensinou... *seja qual for a sua condição, você pode sonhar os mais altos sonhos e realizá-los. Eu sempre busquei concretizar os meus, principalmente o de ser médico, com dedicação, trabalho e estudo. Porém, também aprendi ser importante perceber os novos caminhos que se abrem - eles são capazes de mudar o seu olhar para a vida, bem como os seus objetivos.*

Inspirar pessoas é algo que me dá enorme prazer. E não entenda isso como arrogância, mas, sim, como uma constatação de que "querer é poder". Minha história comprova isso. Vivi a infância em um ambiente bem humilde. Nasci mineiro, em uma região rural chamada Canoa, em situação precária, filho de pai analfabeto e mãe bugre, semianalfabeta, porém, os pais mais carinhosos que eu poderia ter.

Quando nos mudamos da roça para a cidade, meu pai trabalhava controlando a descarga dos caminhões de arroz, pois a região era uma importante produtora do grão. Ele ficava a noite inteira na labuta, voltava para casa de manhã e, mesmo com a escassez de dinheiro, sempre me trazia um presentinho, nunca me esqueço disso. Sempre muito esforçado e correto, foi se ajeitando naquele negócio e conseguiu construir uma casinha. Herdei esses valores dele.

O tempo foi passando, eu estava com oito anos de idade... hora de ir para a escola. Só que meu pai não fazia questão de que eu estudasse, dizia com todas as letras que não era necessário. Afinal, ele não tinha instrução e ainda assim trabalhava e conquistava coisas. Ainda bem que minha mãe não concordou e batalhou pela minha educação. Fiz jus a isso, pois, mesmo com toda a dificuldade imposta pela vida, gostava demais de aprender e sempre me sobressaí entre os melhores alunos.

Cursei os primeiros anos na escola pública estadual João Pinheiro, em Ituiutaba. Até hoje, sempre que estou na região e consigo uma brecha de tempo, gosto de ir até o João Pinheiro, reunir os alunos e fazer uma palestra sobre as minhas lembranças e experiências lá, como jogar bola embaixo da mangueira. Nessa hora, sabe o que mais aprecio contar? Que, apesar de meus pais serem muito pobres, um dia descobri ser possível estudar medicina de graça e realizar meu grande sonho. Então, eu me dediquei e hoje sou um médico razoavelmente famoso e, o principal, muito feliz.

Sinto enorme alegria em afirmar que, seja qual for a condição de vida de cada um, eles podem cultivar os mais altos sonhos e realizá-los. Ao final da palestra, os jovens levantam, vibram, falam de seus ideais. É impressionante, alguns chegam a chorar... isso acontece porque conto uma história muito real para eles.

Sou a prova viva de que é possível concretizar projetos com estudo, trabalho e dedicação. Nada vem de graça... eis uma grande lição!

Estudei também no Instituto Marden[1], em Ituiutaba, no curso secundário, escola que marcou a minha vida para sempre. Entre professores inesquecíveis, tais como Vera Cruz de Oliveira, Rosenvaldo Morais Coelho e outros, havia o diretor, o professor Álvaro Brandão de Andrade – que, além de português, ensinava moral e cívica e estimulava os alunos com o slogan: "Querer é poder!". Sua esposa, conhecida por todos como dona Ester, administrava o internato misto do colégio com muita rigidez e competência.

O professor Álvaro foi e é até hoje uma grande fonte de inspiração! Lembro como se fosse hoje ele falar para a turma:

– Vocês podem fazer o que quiserem!

Certo dia passava um avião no céu, sobre a sala de aula, e ele apontou para a aeronave dizendo:

---

[1] Nome em referência ao jornalista e escritor americano Orison Swett Marden (1850-1924).

A vida me ensinou

— Aquele foi meu aluno! Ele não tinha nada, agora tem esse avião e pilota-o para sobrevoar a sua fazenda!

A imagem ficou na minha cabeça e se tornou um exemplo a ser seguido. Gratidão eterna!

Uma vez, ele me chamou na diretoria e perguntou:

— Você vai fazer o quê da vida?

— Vou ser médico. — respondi.

— Você não pode ser médico. Você deve ser advogado, pois se expressa muito bem! — Elogiou.

Abro um parêntese: hoje, ao rever a história de Marden, surpreendi-me ao saber que ele foi um autor inspirador americano que escreveu sobre alcançar sucesso na vida, foi o fundador da revista *Success*, em 1897, e era graduado em medicina pela Harvard University.

Eu tinha, mesmo, facilidade na comunicação, mas jamais abandonei o sonho de ingressar em medicina. Assim fui seguindo, adaptando-me às novas realidades, como quando meu pai resolveu comprar uma sapataria com loja de calçados conjugada. Tinha uns 30 funcionários e ficava bem perto do colégio, o que facilitava poder ajudá-lo no período da tarde.

À época, houve a publicação das leis trabalhistas, e todos os empregados entraram na justiça contra o patrão – meu pai, no caso. Infelizmente, ele não tinha como indenizá-los e acabou "quebrando". Entretanto, não desistiu da luta: fechou aquela loja e abriu uma pequena sapataria em outro local.

Brinco que sempre fui "cheirador" de cola, mas nunca toxicômano. "Como assim?", perguntam-me. Respondo contando que saía da escola e ficava passando cola nas botinas que meu pai fabricava, para ajudá-lo. Sendo assim, é fato: ter esse contato nem sempre nos obriga a ficarmos viciados. Se for realizado em um contexto de trabalho, você pode nunca mais ligar para isso.

Quando acabava aquele serviço, pegava a minha bicicleta e ia fazer as entregas dos calçados dos clientes. Depois, colocava a caixa de engraxate nas costas e saía para ganhar algum dinheirinho lustrando sapatos na rua. Mesmo preenchendo o tempo com várias atividades, conseguia estudar e tirar excelentes notas. Não havia segredo, exceto um empenho enorme, pois, mesmo com os problemas financeiros da minha família, permaneci no Instituto Marden até o secundário, em virtude de uma bolsa de estudos.

Eu era ótimo aluno, e, como o professor Álvaro e a esposa gostavam de mim, ajudavam-me bastante. Ele me impregnava de conhecimento e incentivo; e eu ainda podia exercitar o meu lado comunicativo tocando guitarra na banda Os Mardenienses.

"Era um garoto que, como eu, amava os Beatles e os Rolling Stones, girava o mundo sempre a cantar..." fazia sempre parte do show.

A minha infância foi assim, até que ocorreu um fato maluco. O meu pai foi crescendo financeiramente, comprou duas, três lojas. Eu tinha uma família maravilhosa. Via a minha mãe sempre muito alegre. Meus pais nunca brigavam, pareciam viver em harmonia. De repente, resolveram se separar. Ele ficou em Ituiutaba, e minha mãe foi para Uberaba.

Sou filho único, e aquilo para mim foi uma maluquice, um acontecimento traumático, inesperado. Nunca presenciei brigas, então, como entender que iam se separar? Hoje, entendo: sabe aquele ditado "mineiro come quieto"? Eles brigavam, sim, no quarto, escondidos de mim.

Com a separação, os dois decidiram que eu moraria com a minha mãe. O irmão de papai tinha um caminhão e nos levou para Uberaba. Não foram tempos fáceis. Minha mãe não soube administrar as finanças e acabou com tudo que ela tinha ganhado. Foi quando se mudou para Itumbiara, em Goiás. Eu estava com uns 14 anos de idade e, apesar de termos um bom relacionamento, não quis ir com ela.

Havia uma tia muito querida, Clarice, morando em Catanduva, interior de São Paulo, e resolvi me mudar para lá. Quando cheguei, aproximei-me muito do tio Zeca, caminhoneiro, muito bem-humorado e parceiro. Como era bom parar na estrada para colher poncãs! Meus tios alugaram para mim um quartinho no fundo da casa, uma espécie de edícula. Só me cobravam a comida – porque também eram pobres.

A vida me ensinou

Eu precisava atravessar a cidade para estudar. Ia a pé, por estar sempre de bolsos vazios. Era quase uma hora de andança. O meu pai me mandava um dinheirinho, ajudava-me como podia. Se eu precisasse de 10, recebia cinco... eu não reclamava.

Na nova escola, encontrei um sujeito interessante, o professor de biologia Neder Abdo, quem considero como um pai. Professor Neder era um tanto esquisito, odontólogo famoso na cidade, casado com dona Eunice, quem chamo de mãe, era filha de um dos cirurgiões mais famosos da região, fazendeiro rico, o doutor Rocha, um homem muito exigente.

Um dia, Neder resolveu fechar o consultório de odontologia e dar aula de genética no colégio Barão de Rio Branco. Ele se encantou comigo, e, evidentemente, eu com ele. Passava lição na sexta-feira e dizia:

— Quero ver vocês resolverem esses problemas no final de semana! — incentivando os alunos.

Eu ia embora para casa, resolvia, e sem protocolo social nenhum, às sete horas da manhã do domingo, batia na casa dele:

— Professor, consegui resolver tudo!

Qualquer outro diria: que bom, amanhã leve à escola que vou corrigir, mas ele não!

— Você tá brincando! Vamos ver! — Comemorava.

Docente generoso, sentava comigo, conferia e comentava incrédulo:

— Incrível, como conseguiu? Espetacular... agora, vamos plantar orquídeas?

Naquele tempo, ele já fazia cruzamento de plantas e ia me explicando detalhadamente cada processo. Assim, a nossa amizade foi crescendo. Certa vez, perguntou-me se eu poderia fazer o discurso, representando os alunos, nas comemorações da Independência do Brasil. Vibrei com a ideia.

Já o professor Nelson Pires, de matemática, e a diretoria, "chatos pra caramba", ficaram com o pé atrás:

— Esse menino veio lá de Minas. É melhor ele escrever o discurso e trazer aqui para a gente ler antes. — disse Pires ao colega Neder.

Escrevi, mandei, e ambos aprovaram. Na hora da minha apresentação, cumprimentei todos e falei:

— Minha ideia é falar desta pátria maravilhosa, então não preciso ler.

Rasguei o discurso aprovado e segui por conta própria. Evidentemente, falei o que fora combinado, sem ficar lendo. Aquilo foi um acontecimento. A diretoria me cumprimentou, fiz muito sucesso. E, posteriormente, o professor Neder me confessou que naquele dia, ao me ver, identificou um diamante que precisava ser lapidado.

Logo depois, Neder montou um cursinho pré-vestibular. Eu estava no primeiro ano do científico (como era chamado o ensino médio na época), e ele quis me ajudar. Por saber da minha dureza financeira, ele reunia alunos com notas baixas e me chamava para dar aula de reforço.

Por causa disso, passei a frequentar a casa de várias famílias tradicionais da cidade e, em todas, ia conquistando as pessoas com o meu jeitinho mineiro. Ajudava o aluno, que ajudava a me manter financeiramente. Além disso, treinei muito a didática, aprendizado precioso para usar futuramente.

Às vezes, o caminho no decorrer da vida se mostra outro, então é preciso saber reconhecer os sinais.

Com o passar do tempo, professor Neder propôs:

— Henrique, você quer trabalhar no cursinho?

Claro que minha resposta foi sim. Eu jamais dispensava trabalho ou aprendizado. Fui para o cursinho Pioneiro. Minha função: imprimir apostilas no mimeógrafo a álcool. Estudava de manhã, dava aula de reforço à tarde e emendava até três, quatro horas da madrugada no cursinho. Saía de lá "bêbado", devido àquele cheiro de álcool fluindo do aparelho, e ia para o outro lado da cidade.

Atravessava um caminho imenso, no frio, a fim de descansar um pouco em casa, mas não era um sono recuperador. Resultado: dormia durante as aulas. Para resolver isso, tive uma ideia: adaptei um microfone na sala, de maneira que eu ficava imprimindo apostilas enquanto escutava o professor.

Abro uma reflexão aqui, pois essa parte da minha história dá margem a pensar "e tem gente que não entende porque algumas pessoas vão mais longe e outras não"... digo a você que essa força de vontade, flexibilidade e criatividade deviam ser provenientes da influência que recebi de outras pessoas, de entidades, de algo divino... afinal, tenho consciência de que não era algo cujo exemplo eu tivesse visto em minha família. Talvez fosse Barsanulfo atuando...

Impressionado com meu empenho, Neder propôs que eu fizesse o cursinho para o vestibular durante o segundo ano, adiantando meus estudos, pois de praxe isso acontecia no terceiro. Aceitei a proposta, claro!

Nessa fase, tive um professor de inglês que me encantou, por ensinar o idioma contando a história dos Estados Unidos. Até hoje lembro como nasceu o hino americano. Achava aquele método de ensino fantástico – tanto que o levei para a minha vida acadêmica futura. A fim de me aprimorar nessa segunda língua, fiz matrícula em um curso prático, de conversação, em Catanduva, com um professor vindo da Armênia, chamado Pierre Tainchan. Quando comecei a ficar bom, passei a dar aulas no cursinho.

No final do ano, Neder me perguntou se eu toparia fazer o vestibular. Prestei para medicina em uma faculdade particular de Catanduva, administrada por padres, e passei em 15.° lugar. Foi um estouro, pois ainda faltava cumprir o terceiro ano do científico.

– Professor, passei! – Comemorei.

Além de me abraçar e comemorar comigo, Neder me perguntou:

– E agora?

– Agora não tem nada. – respondi.

– Vai fazer essa faculdade. – Ele enfatizou.

– Não, não vou fazer. Só vou cursar medicina quando passar na USP de Ribeirão Preto! – justifiquei imponente, defendendo o grande sonho da minha vida, que era estudar na Universidade de São Paulo (USP).

Aqui faço parêntese para ressaltar que eu persegui esse ideal durante anos e só muito mais tarde, como detalharei em capítulo mais adiante, descobri que não era para acontecer. O meu lugar não era na USP de Ribeirão... os sinais estavam apontando para isso, por mais que a minha teimosia não me fizesse vê-los nessa época do vestibular. Só percebi não ser o meu caminho ao tentar prestar concurso para a residência médica, anos depois.

Voltando à minha conversa com o Neder, ele ponderou:

— Você não deve pensar só no ano de escola perdido. Pense na possibilidade de nunca mais passar no vestibular e em quanto perderá em um ano não trabalhando como médico.

— Professor, não tenho dinheiro para pagar, mesmo que queira estudar, como vou fazer? — questionei.

— Vamos dar um jeito. — afirmou categórico.

Ele foi até lá e conseguiu uma bolsa para eu pagar só metade da mensalidade. Meu pai mandava um pouco de dinheiro, e o Neder, que era um árabe supereclético, ia ao comércio local todos os meses angariar a verba restante. Pegava 100 reais ali, mais 100 reais acolá. Juntava e me dava o dinheiro – mais tarde, ele me confessou sentir vergonha, constrangimento de fazer isso, concluindo ter valido a pena para que eu realizasse um grande sonho.

Lógico que eu fazia a minha parte: continuava a trabalhar também... e muito! Dava aulas de biologia e de inglês naquele cursinho. Em virtude da distância de casa, era chamado para comer na residência do Neder todos os dias. Isso foi incrível. Dona Eunice e ele tinham três filhos – Cibele, João Carlos e Neder José –, e todos sempre me consideraram da família. Sou eternamente grato por tudo.

Continuava a dar aulas no cursinho e, no segundo ano de faculdade, conheci o José Reynaldo Walther de Almeida, hoje neurocirurgião, que me ensinou muito, conforme conhecerão nos próximos capítulos. Ele também enfrentava grande dificuldade financeira para estudar medicina e passou a dividir comigo aquele pequeno espaço na casa de titia.

Quando nosso professor de fisiologia, que também lecionava na USP, assumiu aulas em muitos locais, chamou o Zé Reynaldo para dar aulas de fisiologia e farmacologia no lugar dele. Eu, apesar de ainda não ter estudado as matérias (faziam parte do currículo do ano seguinte), tinha boa didática e também fui convidado para a função.

Em um fim de semana, eu ia para a Faculdade de Medicina e Odontologia de Volta Redonda, no Rio, distante 800 quilômetros da minha moradia; e o Zé Reynaldo ia para a Universidade Federal de Uberlândia, a 350 quilômetros da nossa cidade, mas, como só tinha ônibus saindo de São Paulo, eram 12 horas de viagem também. No outro, a gente revezava. Como não dominava a matéria de farmacologia, viajava 12 horas de ônibus lendo para me aperfeiçoar (acho que por isso uso óculos). Chegava às quatro horas da madrugada, descia na rodovia Dutra e aguardava, no frio, uma carona para chegar à universidade. No sábado, dava aula o dia inteiro, voltando no domingo de manhã para os meus estudos em Catanduva.

Tenho imagens lindíssimas na lembrança dessa vida, que não era nada fácil. Estudava para ser médico, dava aulas no cursinho do Neder e nas faculdades de Uberlândia e Volta Redonda... era uma loucura, mas sobrevivi! E tenho enorme gratidão por tudo!

4

Humildade para aprender é essencial

A vida me ensinou... *não pense que as coisas que não estão relacionadas diretamente ao seu foco são menos importantes para a conquista de seus objetivos. Onde quer que você esteja, poderá tirar ensinamentos para outras ações.*

Considero que temos uma espécie de "caderno da vida", no qual são anotadas todas as nossas experiências e aprendizados. O meu deu suporte para me tornar um médico respeitado na cardiologia. Sou das bases da clínica médica. Quando eu ingressei nessa profissão apaixonante, queria ser neurocirurgião. Mas, ao começar a frequentar hospitais e enfermarias, fui me interessando pela cirurgia cardíaca.

Passei, então, a assistir intensamente às operações realizadas pelo professor Dr. Edgard San Juan, pioneiro na área no Brasil e muito famoso pelo trabalho no Hospital da Beneficência Portuguesa. A propósito, na época, só existiam as equipes dele e dos professores Adib Jatene e Euryclides Zerbini. Um dia, o professor San Juan me questionou, quando eu era interno do Hospital do Servidor do estado de São Paulo:

— Por que você fica assistindo às cirurgias cardíacas? Não tem nada mais chato que isso... e fica aqui do começo ao fim.

— Eu gosto muito, professor. — respondi enfático.

Naquele tempo o número de profissionais que se dedicavam à cirurgia cardíaca era bem restrito, e todo mundo comentava sobre a alta mortalidade da equipe do professor San Juan. Ocorre que, entre todos os médicos, era para ele que os casos graves eram encaminhados. Então, só atendia paciente em situação extremamente delicada. Excelente cirurgião, operava tórax como ninguém. Foi muito enriquecedor acompanhar o seu desempenho.

Fiz as provas para residência médica em 1977. Lembro que a primeira delas foi no Hospital dos Servidores do Estado do Rio de Janeiro. Lá, havia um cirurgião cardíaco muito competente, um *gentleman,* chamado Cid Nogueira. Era outro pioneiro da especialidade. Esse mineiro de Araguari, formado nos Estados Unidos, na Universidade de Cleveland, recebeu-me muito bem, como um rei. Nosso entendimento foi imediato.

Fiz a prova e passei em primeiro lugar, como era de costume, pois eu estudava muito e sempre tive humildade para reconhecer a importância da dedicação requerida pela medicina.

Quando fui ao Rio fazer a matrícula, deparei-me com o diretor da instituição, um militar. Primeiramente, parabenizou-me; depois, ordenou:

— Faça o seguinte: vá ao barbeiro aqui perto, corte o cabelo igual aos convocados do tiro de guerra. Porque aqui não se trabalha com o cabelo desse jeito!

Claro que essa forma de abordagem me incomodou, e saí de lá bravo, entrei no ônibus, fui para a rodoviária e voltei para São Paulo. Não me senti bem para ficar, mas...

Gosto de ressaltar: toda aprendizagem, mesmo com sofrimento em alguns momentos, é válida. Sigo essa premissa desde a minha infância, tentando vivenciar as passagens boas e ruins sempre com um olhar indulgente, mesmo porque encaro as falhas como a melhor base para o crescimento pessoal.

Como já contei nos capítulos anteriores, sempre fui muito inquieto, agitado, aquele tipo de criança e de pessoa capaz de realizar mil tarefas ao mesmo tempo, é uma característica nata. Essa inquietude me fez vivenciar inúmeras situações importantíssimas na construção da minha trajetória até aqui, mesmo sem perceber naquele determinado momento.

Quer um exemplo? Lembra-se de eu ter contado que, com cerca de nove anos de idade, participava do pelotão de saúde da escola e ia de classe em classe para ver se os alunos tinham cortado as unhas, se estavam asseados? Mal tinha claro na cabeça que dali começaria o projeto profissional da minha vida.

Na verdade, nunca disse não ao trabalho, pois sempre busquei (e busco) tirar alguma lição de cada atividade, seja ajudando meu pai a fabricar botinas e a entregá-las de bicicleta, colando solado de sapatos na oficina ou engraxando sapatos na rua. Ministrar aulas para alunos com dificuldade era apenas um trabalho, da mesma forma. Essa postura me impulsionou a conviver com figuras ímpares, extremamente inspiradoras.

Uma dessas figuras foi meu professor de inglês da época de cursinho, o professor José Virgílio Vita Júnior, hoje juiz de direito, personagem importante na construção do meu lado docente, sobre quem já comentei rapidamente no capítulo anterior. Eu admirava tanto sua forma de lecionar, citando a história dos Estados Unidos, que no final do ano, já cursando a faculdade, eu quis fazer um mês de intercâmbio em terras americanas. Para isso, vendi até o fusca usado que ganhara do meu pai e tudo mais que tinha, incluindo vários livros.

Um colega tinha ido para uma casa de família. Entrei em contato, e eles aceitaram me receber. Lá fui eu para Harrisburg, na Pensilvânia. Sabe a primeira coisa que fiz quando cheguei lá? Fui até Baltimore visitar Chesapeake Bay, o grande estuário americano, local do qual aquele professor de inglês tanto falava, e onde Mr. Francis Scott Key, ao ver a bandeira americana tremulando no continente, num entardecer com muita névoa, escreveu um belíssimo poema expressando sua alegria, porque aquilo representava a vitória e independência dos Estados Unidos: "Oh, say can you see, by the dawn's early light. What so proudly we hailed at the twilight's last gleaming…"

Seu modo de ensinar me motivou profundamente, despertou meu interesse pelo inglês e me levou a dar minhas aulas oficiais (eu tinha experiência somente como professor em salas de reforço estudantil) no cursinho que o Neder Abdo criou, como relatei no capítulo anterior.

Vale ressaltar a riqueza da experiência que acumulei como professor de cursinho. Quando prestei concurso para residência médica no Hospital dos Servidores do Rio de Janeiro, eu já lecionava no Etapa e no Equipe, dois nomes fortíssimos do setor na época. Era fase de figuras como Sivuca[2] e José Genoíno[3], que se reuniam no pátio do colégio para discutir política, sempre de esquerda. E dos dois diretores do Equipe com quem me dava muito bem, acho que os nomes eram Vladair e Laura, que viajavam muito para Cuba. Tempos nos quais todo mundo estava meio sovietizado. Acho que foi desse tempo que me identifiquei para sempre com políticas de direita!

Foi no Etapa, cursinho bem elitizado perto da poderosa Avenida Paulista, que minha carreira de professor deslanchou. Lá, conheci pessoas fantásticas e professores formidáveis, que me encantaram e me fizeram crescer muito.

Surgiu, então, um convite do visionário João Carlos Di Genio[4], juntamente com outros dois professores muito competentes, para eu lecionar no Objetivo. Ele me perguntou:

— Henrique, o que você quer da vida?

— Ser médico, lógico. — repeti mais uma vez, entre as muitas ao longo dos anos.

— Pois quero que você venha dar aula no Objetivo. Faça um cálculo do quanto imagina ganhar como médico em cinco a 10 anos. Eu vou lhe pagar esse valor para você sair de onde está e vir para cá.

Não que eu concordasse com essa abordagem, mas aceitei, mantendo o trabalho no Etapa. Passei a ir para Ribeirão Preto dar aula na nova unidade do Objetivo aos finais de semana. Já estava bem acostumado com essa rotina quando o Anglo também me chamou para fazer parte do quadro de profissionais no tradicional endereço da Rua Tamandaré, em São Paulo.

Aceitei o desafio, desligando-me do Objetivo. Logo descobri que os donos estavam inaugurando um cursinho em Brasília e queriam os melhores professores para fazer frente

---

[2] Severino Dias de Oliveira nasceu em Itabaiana, em 1930. Grande compositor e arranjador musical, mestre da sanfona, fez sucesso no Brasil e no mundo. Faleceu em 2006.

[3] José Genoíno Guimarães Neto é político, ex-presidente do Partidos dos Trabalhadores e ex-deputado federal.

[4] Em 1965, João Carlos Di Genio e Drauzio Varella, então estudantes de medicina, em conjunto com os médicos Roger Patti e Tadasi Itto, fundaram um pequeno curso preparatório para as faculdades de medicina na região central da cidade de São Paulo. Nascia assim o cursinho Objetivo.

ao sucesso que justamente o Objetivo estava alcançando no Distrito Federal. Cheguei a ir algumas vezes à capital do país, mas, como fazia internato, viajava só aos finais de semana e, lógico, não deu certo.

Um dia, fui chamado pelo orientador. Ele citou a minha aula e questionou o fato de ter ficado não sei quantos minutos contando piada em vez de explicar a matéria. Pontuei que aquele era o meu jeito e também o estilo do Objetivo, com o qual tinha total identificação, e cuja didática facilitava muito o aprendizado.

— Pois no Anglo não é assim. É chegar e abordar o tema. — Determinou.

Não tive dúvidas, pedi demissão! E isso não teve relação com orgulho ou soberba, mas com o fato de preservar a minha identidade de professor, a didática, o método de ensino no qual eu acreditava.

Foi quando falei a mim mesmo: "Vou resgatar um sonho. Ir para a USP de Ribeirão Preto estudar". Até aquele momento, eu continuava firme no propósito de vivenciar aquela universidade. Significava o ápice do projeto de ser médico. Era como se pensasse "sem USP, sem Dr. Henrique Furtado".

Descobri a abertura de um concurso para residência de cirurgia geral, com dois anos de atuação. Não tive dúvidas. Apesar de não ser na área que pretendia, era a USP! Prestei e passei em primeiro lugar. Foi uma festa! Até meu pai comemorou muito, estava orgulhoso!

Pois bem. Feliz da vida, fui fazer a matrícula. Quando cheguei, a grande surpresa: não havia vaga! Como assim, se eu tinha passado em primeiro lugar?! Descobri que o concurso era para "reserva de vaga". Naquele momento, desabei. Pensei: "Tá tudo errado nesse negócio!"

A minha teimosia em voltar lá me mostrou que aquele não era o caminho. Eu poderia ter enxergado isso quando entrei em uma boa universidade particular, em vez de continuar sonhando com a USP.

Voltei para São Paulo e passei em primeiro lugar como residente do Instituto Dante Pazzanese de Cardiologia, para

onde fui trabalhar com o saudoso professor Dr. Adib Jatene[5]...
pois é! Às vezes, você fica persistindo numa ideia que não é seu
caminho. Como eu fiz. O trajeto era outro.

Realmente fiquei muito decepcionado com a USP de Ribeirão Preto, pois guardava uma expectativa enorme de estudar lá.
Porém, tive mais um aprendizado.

> Hoje, *avalio que talvez tivesse de passar por essa
> experiência frustrante para ter certeza de que ali
> não era o meu lugar, cessando aquele pensamento
> que muitas vezes nos persegue (e cobra) durante
> toda a existência: "E se..."*

A residência no Dante Pazzanese foi engrandecedora, não
poderia ser mais produtiva. Quando comecei a entrar em cirurgia, um dia me vi acompanhando o rigoroso Dr. Adib Jatene.
Enquanto operava, talvez para descontrair aquele momento, ele
virou para um auxiliar e perguntou:

— Quem é este rapaz que está aqui? — em vez de me per-
guntar diretamente.

— Henrique!

— De onde ele é?

— Ituiutaba!

— Como você entrou aqui, e o Fued (político famoso da
cidade) não me ligou?

— Como assim, professor?! — indaguei.

— O Fued sempre me liga para avisar sobre estudantes de
Ituiutaba que tentarão uma vaga de residência aqui. — respondeu o Dr. Jatene.

— Porque eu não precisava de indicação para passar no concurso. — eu disse "na lata", chateado por não ter meu empenho
nos estudos reconhecido.

---

[5] Adib D. Jatene chegou ao Instituto Dante Pazzanese de Cardiologia em 1958. Foi chefe do
laboratório experimental e de pesquisa, chefe da seção de cirurgia, diretor-médico e diretor-geral.
Organizou a oficina de bioengenharia, estudando, planejando e desenvolvendo instrumentos
e aparelhos, a qual deu origem, em 1982, ao Centro Técnico de Pesquisas e Experimentos.
Tornou-se uma das figuras mais relevantes para a saúde pública no Brasil e para a cirurgia
cardiovascular mundial.

A vida me ensinou

Na hora em que falei isso, os outros residentes ficaram espantados. Confesso não ter pensado antes de falar, mas acredito que aquilo tenha mexido com o Dr. Adib de forma positiva para mim.

Fui tocando a residência, aprendendo com humildade tudo que podia de forma absolutamente dedicada, e os outros residentes gostavam bastante do meu trabalho. Alguns cirurgiões, como o Dr. Paulo Paredes Paulista, e eu nos tornamos muito amigos. Trabalhávamos o dia inteiro, cumpríamos plantão uma noite sim, outra não, e no dia seguinte, havia 10 cirurgias para realizar.

Até hoje me recordo da musiquinha do jornal da manhã. Era todo mundo dormindo nas cadeiras. Eu olhava no quadro de trabalho, e tinham 11, 12 operações marcadas. Era puxado, mas fui aprendendo a fazer pós-operatório. Isso me permitiu atuar em outras unidades de terapia intensiva (UTI), como na do complexo hospitalar dos Estivadores, de Santos, e ser um dos fundadores da UTI de um hospital da zona leste.

No Hospital dos Estivadores, acontecia uma coisa interessante. Mineiro costuma ter sempre três times de futebol. O meu do coração é o Cruzeiro; no Rio, o Botafogo; e em São Paulo, o Santos. Mesmo assim, quando comecei a fazer plantões nessa cidade praiana cujo time tem minha torcida eterna, eu aceitava substituir os plantonistas aos domingos, em dias de campeonatos.

Veja bem: dobrava plantão para o cara ir assistir ao jogo que eu mais desejava ver. Por isso, nunca fui ao estádio da Vila Belmiro, mesmo tendo uma vontade imensa. Não era um ato de generosidade, e sim por causa da remuneração. Eu precisava trabalhar e melhorar a minha renda por já ter uma filha na época (fui pai cedo, mas essa história maravilhosa eu contarei adiante).

Também dava plantão em um hospital da zona leste paulistana, em uma UTI que estava começando. Era o Hospital São Rafael[6], cujos donos Rafael e Iazete gostavam muito de mim. Eu ia jantar no bar ao lado, e, quando passavam os militares da rota, perguntavam-me:

– Doutor, tá de plantão? Fica firme aí. Já, já a gente chega com o "presunto" (paciente baleado na linguagem deles).

---

[6] O Hospital São Rafael foi fundado em 15 de julho de 1975, pela família do agropecuarista baiano Rafael Almeida Ribeiro.

Eles partiam, enfrentavam bandidos e, então, voltavam madrugada adentro com os baleados. Mandavam me chamar. E eu, cirurgião cardíaco, nunca me negaria a realizar um atendimento! Foi assim que, modestamente, aprendi a operar rotura de cava, rotura de aorta...

Então, repito: onde quer que você esteja, pode tirar ensinamentos para futuras ações. Nem sempre esse aprendizado engloba a meta naquele momento. Porém, mais à frente, terá um propósito do qual poderá se orgulhar.

Eu poderia pensar: não, não vou mexer com o que não está no escopo do cirurgião cardíaco, o que não faz parte do meu campo de atuação. No entanto, quando chegava um doente, eu ia lá, operava e trazia para a UTI. Todos esses pequenos preceitos me davam destaque nas atividades realizadas. Não que eu fosse gênio ou tivesse segundas intenções. Sempre procurei fazer o meu melhor.

Quando eu ia passar férias em Ituiutaba, corria para o hospital, a fim de assistir às cirurgias. Estava no terceiro ou quarto ano do curso, quando pedi para ver uma cesariana, por exemplo. No momento em que aquele cheiro de éter, usado na época, invadiu o ambiente, tonteei e quase desmaiei. Saí da sala extremamente decepcionado comigo. Dizia a mim mesmo: "Você vai ser cirurgião e não aguenta assistir a uma cesárea! Como pode ser possível?"

Então, lá veio o João Bobo de novo. Não ia deixar essa passagem negativa me fazer desistir! Reitero a moral da história: fatos isolados podem parecer impedimentos na conquista dos seus objetivos, mas você só depende de sua resiliência e persistência para vencê-los. E assim fui superando e vencendo as adversidades, sempre com respeito aos meus colegas, bem como entendendo as minhas limitações e buscando superá-las com aprendizado.

Você pode estar se perguntando: mas não é fundamental ter foco na vida? Eu respondo que sim. Sempre gostei de fazer muitas atividades ao mesmo tempo, e esse exercício me mostrou a importância de focar em um objetivo maior. Porém, como tudo tem dois lados do ponto de vista de resultados, eu ampliei os meus.

Ao olhar para os caminhos trilhados, todos me levaram a ser cada vez melhor para a sociedade, tanto como médico quanto professor.

Além disso, buscar constante aperfeiçoamento em vários aspectos, tanto técnicos como emocionais (de perseverança, por exemplo), ajudou-me a desenvolver outras atividades importantes na vida, como cuidar de uma fazenda e lutar pela saúde assumindo um papel na política. São excelentes assuntos para outro capítulo!

5

Confiança deve ser algo conquistado

A vida me ensinou... *é preciso saber retribuir a confiança depositada em você. É sua responsabilidade honrá-la no mesmo nível.*

Deus me abençoou. Sempre digo isso, pois tenho resultados profissionais de destaque em vários países, na cirurgia cardíaca paulista e tocantinense. Reconheço que a construção desta minha bem-sucedida trajetória está intimamente ligada às grandes personalidades com quem tive o privilégio de conviver no decorrer do caminho. Pessoas extremamente importantes e de conhecimento ímpar, capazes de compartilhar sua sabedoria e filosofia comigo.

Eu, que optei por ser focado no presente, jamais desperdicei as oportunidades de aprendizado. E elas foram várias. Fui e sou privilegiado? Pode ser... mas também sempre procurei honrar o crédito depositado. E a melhor forma é correspondendo à expectativa de grandes mentores, por quem tenho gratidão infinita.

É importante destacar, no entanto, o fato de nem sempre essas chances de crescimento se apresentarem de forma clara – isso já defendi no capítulo anterior, quando abordei a importância da humildade para o aprendizado. Assim como continuo defendendo a importância de se estar aberto às infinitas possibilidades de evolução surgindo a cada dia em nossas vidas, assim como o insucesso, inevitável em alguns caminhos trilhados.

Por exemplo: lembra-se de quando contei que, no segundo ano de faculdade, conheci o José Reynaldo Walther de Almeida? Hoje é um excelente neurocirurgião, que naquela época também enfrentava grande dificuldade financeira para estudar medicina e passou a dividir comigo o quarto na casa da querida tia Clarice, em Catanduva.

Pois então, ele tinha uma coisa interessante. Quando ia passar as férias na cidade onde morava a família, perto de Ribeirão Preto, tinha de estudar o livro de anatomia por determinação do tio, médico naquele local. Quem diria que isso teria uma utilidade maravilhosa?! Explico.

Primeiro dia de aula do primeiro semestre da Faculdade de Medicina. O professor pegou um crânio e começou a explicar os forames da base e os correspondentes nervos que passavam neles. Então, passou o material para um aluno e mandou que repetisse tudo, com a clara intenção de humilhá-lo. Só que se tratava do José Reynaldo, e ele deu um show de explicação, além de citar outros forames não mencionados. A partir desse dia, passou a ser chamado de Zé Anatomia, por ter "comido o fígado" do mestre!

Ele era um gênio, aluno fantástico e, ainda por cima, faixa preta de judô. José Reynaldo me ajudou muito com as aulas de fisiologia e farmacologia. Tenho muitas cenas incríveis na lembrança. Uma muito engraçada ocorreu logo após sua mudança: ele era sonâmbulo e no meio da noite pensou estar em uma luta. De repente, "entrou" no espelho do guarda-roupa velho. Foi um barulhão!

Acordei assustado, claro, com a impressão de que o mundo estava acabando. Foi quando ele me confidenciou namorar uma enfermeira da USP de Ribeirão e tomar uma atitude de precaução: quando dormia na casa dela, amarrava seu pé ao da cama com uma cordinha. Tudo por causa do receio de sair andando de madrugada e fazer alguma besteira…

O importante é que ele era um colega fantástico. Deu tudo certo na sua vida, e ele casou com a enfermeira. Tornou-se um grande amigo, daqueles que me instigava como estudante a explorar todas as minhas capacidades. Também me fez aprender muito sobre anatomia, enquanto compartilhávamos dificuldades, medos e aspirações.

Sempre segui esse princípio e creio ser a base da "sorte" que tive ao cruzar com figuras fabulosas, hábeis em despertar o melhor de mim – bem como o desejo de corresponder àquelas expectativas. Vou repetir: acreditar nas possibilidades de sucesso pede empenho. Por isso, vou defender sempre: quando alguém deposita esperança no nosso êxito, devemos fazer o possível e o impossível para compensar essa aposta. Acho que tenho me saído bem...

> *A vida acontece para as pessoas que acreditam. Por isso, evite se aproximar das derrotistas e incapazes de se dedicarem a algo.*

Vínculos como o que criei com José Reynaldo são baseados em confiança. Sendo assim, permita-me, aqui, voltar ao tempo do meu ingresso na faculdade. Quero exemplificar, porque, de certa forma, deixo a modéstia de lado e afirmo que chego ao improvável, para dar cabo de alguma missão a mim designada.

Eu cursava o segundo ano colegial quando passei no vestibular. Portanto, antes de obter o título de conclusão de curso. Mas existia a madureza – se passasse numa prova, conquistava a certificação de que precisava para apresentar na matrícula da faculdade. Não tinha dinheiro, mas possuía o mais importante: apoio.

O professor Neder Abdo, meu segundo pai, falou:

– Henrique, eu vou dar dinheiro, arrumar uma carona, e você vai para São Paulo. De lá, tome um ônibus e siga para Dourados, no Mato Grosso (local onde a prova se realizaria naquele ano), onde fará o exame.

Lá fui eu, com 17 anos de idade, no caminhão que transportava arroz. Saímos de Catanduva à tarde e paramos em Rio Claro para dormir. Era uma noite fria, mais gelada ainda naquela cabine...

De manhã, chegamos à capital paulista, e o motorista me deixou em plena Marginal Tietê, pois não poderia entrar na rodoviária, sem contar que ele parou num posto de gasolina em Rio Claro e dormiu duas horas na cabine. Eu, lógico, não fechei os olhos por nenhum minuto.

Eu nunca havia pisado em São Paulo antes. Tinha receio da violência tão comentada no pacato interior, mas isso não me impediu de descer do caminhão e procurar a rodoviária para embarcar num ônibus com destino ao Centro-Oeste do país.

Neder tinha combinado com um padre para me hospedar no seminário. Quando cheguei lá, 12 horas depois, fui informado de que o pároco havia viajado.

– Como assim? O professor Neder falou com ele. – questionei, já imaginando como eu me manteria por ali até o início do exame.

– Não estamos sabendo de nada! – Foi a resposta.

Sem dinheiro, sem lugar para ficar... sabe onde me alojei? No Banco do Brasil. Explico: as praças das cidades interioranas têm aqueles bancos patrocinados... o do Banco do Brasil foi meu. Muitos estudantes ficaram por ali também. Fazia um frio danado. Comprei um cobertor, dos mais baratos que encontrei, fiz um buraco no centro e virou um poncho.

No dia seguinte, um pessoal arrumou um lugar para a gente ficar em um galpão de sacaria de arroz.

– Se quiserem, podem se alojar aí. – Alguém ofereceu.

Aceitei, assim como vários outros estudantes! Tomava banho de borracha (mangueira) fora do galpão... tudo isso para não perder a prova.

Chegou a hora. Fiz a avaliação, passei e peguei o necessário título de conclusão. Faltava só meu pai me emancipar (pois eu só tinha 17 anos de idade), e assim ele fez. Ingressei na faculdade.

Procure as pessoas muito acima de sua capacidade e copie o que elas têm de melhor.

A minha época como estudante foi muito rica. Convivi com grandes educadores e profissionais, nomes de destaque da história médica no Brasil e no mundo.

Se ainda criança eu descobri, com o professor de matemática Rosenvaldo Morais Coelho, que mesmo sendo pobre poderia ser médico, aos 23 anos de idade já cursava o sexto ano da faculdade e ingressava no internato, no Hospital do Servidor Público de São Paulo. Além disso, estava casado e era pai da Priscilla, na época com uns quatro meses (no próximo capítulo

A vida me ensinou

vou contar todos os detalhes sobre os meus queridos e admirados filhos, aguarde!).

Trabalhar no Hospital do Servidor foi muito interessante, pois era um dos melhores de São Paulo na área clínica. Tinha até cama metabólica para medir o consumo de calorias do paciente enquanto estava deitado. Mas, para um interno se sair bem, obrigatoriamente precisava ler o *Tratado de medicina interna,* também conhecido como "Cecil-Loeb de medicina interna", referência na área – se possível a última edição original, em inglês. Caso contrário, não evoluía no internato.

Aquilo para mim foi um martírio, confesso. Mas aprendi tanto sobre clínica médica! Empreguei pela vida toda. Atendo doentes imaginando sofrer do coração, quando, na verdade, têm hipotireoidismo. Consigo fazer esse diagnóstico certamente porque tive essa formação básica sólida.

Não me furtei de nenhum aprendizado, mesmo exigindo horas e horas de dedicação – e vez ou outra tivesse vontade de chutar o balde. Para seguir firme, além de foco e força de vontade, sempre evitei estar próximo de pessoas cujo hábito é reclamar de tudo, seja da carga curricular na época dos estudos ou das condições de trabalho pós-formado. Tais pessoas só atraem mal-estar.

Pessoalmente, também poupo reclamações em excesso, procuro ser objetivo ao falar, evitando ser prolixo. Tem algo mais cansativo do que lidar com pessoas falantes e repetitivas? Muito dessa minha postura é nata, mas parte foi moldada por grandes profissionais, com quem convivi e aprendi.

Um deles foi o professor Dr. Adib Domingos Jatene: ser humano ímpar e profissional rigorosíssimo, foi um dos pioneiros da cirurgia cardíaca no Brasil. Quem o conhecia sabe o quanto ele defendia "não há problema sem solução, solução sem defeito e defeito que não possa ser corrigido".

Com o Dr. Jatene e uma equipe talentosa, participei de inúmeros projetos na área da cardiologia. Um dos que me deu muito prazer foi o projeto de desenvolvimento da prótese de pericárdio bovino, semelhante à prótese de Ionescu-Shiley, em uso na Europa com excelentes resultados.

Por determinação do Dr. Adib, o professor Dr. Camilo Abdul-massih Neto, um excelente mestre e cirurgião no Instituto Dante Pazzanese de Cardiologia, buscou a orientação do professor Domingos Braile, de São José do Rio Preto, para desenvolver a prótese.

A mim, como residente, coube a missão de ir quase toda a semana, geralmente à noite, após as cirurgias, buscar o pericárdio bovino no frigorífico em Jandira e preparar e filtrar o glutaraldeído para conservar o tecido e manufaturar as próteses. O professor Camilo, que foi o cirurgião que desenvolveu as próteses de dura-máter no Dante, desenvolveu também a prótese de pericárdio bovino com um anel flexível de Delrin (polímero plástico), que foi a inovação da bioprótese de pericárdio bovino realizada no Brasil.

O aprendizado com a prótese desenvolvida por mim e pelo professor Camilo possibilitou fundar em Bauru, após minha saída do Dante Pazzanese, a Bioval, junto com o Dr. Antônio Estéfano Germano, sendo à época uma das primeiras indústrias a fabricar válvulas porcinas e de pericárdio bovino.

Com essa fábrica, fornecemos para diversos hospitais brasileiros, e também exportamos para Equador, México e Canadá, tendo tido, inclusive, registro na entidade canadenese Health Products and Food Branch (HPFB) – o equivalente ao Food and Drug Administration (FDA) dos EUA. Apesar das dificuldades, faço tudo com dedicação intensa. Todos os detalhes desse importante tema eu relatarei em breve.

Você deve lutar com todas as suas forças e competências para conquistar seu espaço e credibilidade.

Descrevendo acontecimentos como o do uso da minha criação por um dos maiores nomes da cirurgia cardíaca, posso dar a impressão de uma existência navegando em mares calmos, sem ondas ou tormentos. Não é bem assim... ao longo da jornada, por mais dedicação e determinação que se tenha, nem sempre tudo flui tranquilamente. É preciso encarar as dificuldades... e também alguns inimigos.

Entretanto, nessas horas entra em cena a minha bendita resiliência. Recobro a força e evito criar uma pré-avaliação da capacidade do oponente.

Isso deve acontecer com você também. Porque a pessoa interessada em bloquear os caminhos pode não conhecer seu potencial de fato. E você pode demonstrá-lo (se for sincero e tiver percorrido todas as etapas da vida corretamente), provando ser capaz de fazer aquilo, com ou sem obstáculos.

Eu me recordo de quando surgiu o concurso da UFT para docente de cirurgia geral. Sabia de certa resistência da área de cirurgia cardíaca quanto à minha entrada. Mesmo assim prestei, mas não passei.

Tempos depois, abriram outro concurso para cardiologia clínica. Fiz a prova e passei em primeiro lugar. Quando fui tomar posse, a UFT recebeu um documento relatando a minha especialidade em cirurgia cardíaca, e não em cardiologia clínica. Portanto, não poderia assumir a cadeira. A universidade me comunicou, e logo falei:

– Ledo engano. Porque tenho título de especialista por concurso nas duas áreas, bem como em terapia intensiva e medicina do trabalho, e MBA em gestão de saúde.

Confiante, apresentei toda a documentação devida, de forma que não deixei brecha para contestações. Então, tornei-me professor concursado; e isso já faz mais de 10 anos. Na época, aquilo me abalou, não vou negar. Mas não guardei ressentimentos. Anos mais tarde, as pessoas que me obstruíram se tornaram parceiras de trabalho na universidade, ou seja, conquistei a confiança e o apoio delas – e isso tem um valor enorme.

Hoje, sou coordenador. Não existe uma cadeira de cardiologia, mas o curso segue, em parte, o método Problem Based Learning (PBL)[7]. Leciono desde embriologia cardiovascular até farmacologia, semiologia, saúde do adulto e cirurgia cardíaca, tudo com muita alegria.

Diante de fatos como esse que acabei de relatar, é importante salientar que a autoconfiança também é fundamental para

---

[7] PBL é uma metodologia ativa que estimula os alunos a vivenciarem a medicina prática desde o início do curso.

a conquista de objetivos. Repito: nem todos podem conhecer seu potencial de fato. Cabe a você, ciente de sua própria capacidade de realização, provar com atitudes ser apto a desenvolver a atividade.

Assim, vou finalizar este capítulo com mais uma lição aprendida:

Devemos evitar falar mal de alguém, mesmo quando nos sentimos prejudicados ou magoados de alguma forma ou em algum momento. E praticar o perdão, de forma integral e unidirecional, sem esperar nada em troca. Também não vale a pena ficar fomentando o hábito de só identificar defeitos em quem tenta ofuscar o nosso brilho próprio, aquilo que nos identifica.

Por isso aconselho alunos e familiares a procurar olhar para cada um que cruzar o seu caminho buscando enxergar qualidades, elogiando e valorizando essas características. Essa também é uma forma de crescimento pessoal, demonstra integridade.

Agir de forma contrária, na minha modesta opinião, faz a maledicência se voltar contra si, seja em forma de estresse ou até de doença física. Siga fazendo o melhor. Persista nos seus projetos e crenças e aprenda sempre com os melhores, respeitando a confiança depositada em você. Assim, colher os frutos é só questão de tempo.

6

Vocação é vital na trajetória

A vida me ensinou... *precisamos aproveitar as potencialidades de cada pessoa dentro daquilo que elas gostam e têm interesse.*

Vocação, ao pé da letra, significa "disposição natural e espontânea que orienta a pessoa no sentido de uma atividade, função ou profissão". Isso sempre esteve vivo dentro de mim, mesmo que na época em que tinha meus oito, nove anos de idade não soubesse nominar essa qualidade.

E talvez eu tenha contado com a força mística do bom Eurípedes Barsanulfo para confirmar essa "disposição" para ser médico, tendo em vista a falta de referências na área de saúde que havia entre meus familiares.

Como já pontuei em outras oportunidades, descobrir a possibilidade real de realizar esse sonho, mesmo sendo de família humilde, foi motivo de grande alegria para mim. Desde a minha infância, passei a investir na chance real de me tornar o Dr. Henrique Barsanulfo Furtado por meio do estudo.

Também não medi esforços para aprimorar características natas, como a facilidade de comunicação, e fui desenvolvendo outras necessárias à prática da medicina seguindo meus mentores.

Se meu pai nunca sonhou com um filho letrado, que dirá médico! Eu, ao contrário, confesso que gostaria que meus três filhos tivessem seguido o caminho da medicina. Porém, precisei aceitar a realidade de que não se pode lutar contra a vocação de cada um. Esse foi um grande aprendizado, que demandou tempo, observação e, principalmente, o exercício do respeito às escolhas de cada ser humano, que tem livre-arbítrio.

Tenho três filhos incríveis, todos felizes com o caminho profissional escolhido, graças a Deus! E com famílias lindas, que me deram seis netos maravilhosos. Fabrício foi o único que também seguiu a medicina. Já Marcelo cursou administração de empresas e trabalha com tecnologia. E Priscilla tornou-se fisioterapeuta e advogada. E são três exemplos de profissionais *outstanding*.

Quando prestei concurso para o Hospital do Servidor Público do estado de São Paulo, para fazer o internato, a concorrência era enorme: 650 candidatos para cerca de 20 vagas. Só que eu nunca entregaria os pontos antes de uma boa luta. Passei em 12.º lugar! Modéstia à parte, tudo o que me propunha fazer, empenhava-me e realizava. Como já enfatizei, sempre fui muito dedicado e focado nos objetivos.

Tenho uma forte crença de que devemos fazer tudo o que estiver ao nosso alcance para ter sucesso – e o retorno virá. Sempre transmiti isso aos meus filhos, seja com palavras, seja com atitudes.

Como eu já era pai de Priscilla, queria tê-la perto do meu ambiente de crescimento. Então, ela ficava em uma creche em frente ao meu local de trabalho. Sempre rodeada por muita gente, minha filha foi crescendo e se tornou expansiva e falante, como eu.

A família aumentou com a chegada do Fabrício e, depois, do caçula. O mais quietinho em casa sempre foi Fabrício; Marcelo, o mais presente; e Priscilla, a menina das artes.

Mesmo torcendo para que todos os filhos optassem por cursar medicina, eles me mostraram ser inócuo forçar alguém a seguir um caminho que não é o dele!

Marcelo até prestou vestibular duas vezes para esse que é o mais concorrido dos cursos. Não deu certo. Foi quando me disse com todas as letras:

— Pai, eu não quero isso. Vou fazer administração de empresas.

Já Fabrício, sem fazer alarde, prestou e passou de primeira! Sabe por quê? Ele queria fazer isso, sentia essa vontade dentro dele. Marcelo tinha outros projetos e desejos que lhe trouxeram sucesso. Lembro que nós estávamos viajando em família e hospedados em uma linda cidade praiana no Nordeste, quando ele me contou que tinha entrado na Escola de Negócios Trevisan. A minha reação foi um pouco dramática:

A vida me ensinou

– Você vai me desculpar, mas vou entrar em "depressão" pela sua decisão.

Ele sorria... inevitavelmente, recordamos de um episódio simbólico ocorrido um ano antes. Estávamos passeando no Nordeste também, quando Fabrício passou no vestibular para medicina. Assim que soube dessa maravilhosa notícia, entrei no mar de calça jeans e tudo, comemorando à beça. Foi uma alegria imensa, que não teria bis. Ao falarmos disso, Marcelo gargalhava...

Inicialmente, fiquei um pouco entristecido com a decisão do caçula, tanto que, no dia de despedida daquele paraíso, comprei uma jaca. Parei onde havia aquela placa de entrada da cidade, segurei a fruta e falei:

– Esta cidade, por causa da notícia do Marcelo, há de viver eternamente na escuridão, na falta de conhecimento...

Surpreendi a todos atirando a jaca na placa. Risada geral. Curioso que, muitos anos depois, houve um teste para os candidatos a cargos eletivos provarem não ser analfabetos. Sabe o que aconteceu? A performance dos inscritos desta linda cidade do Nordeste não foi nada boa em relação ao restante do país... está documentado! Caso tenha sido por causa da minha "praga", eu me redimo com os seus moradores. A cidade, além de praias belíssimas, tem um povo que merece todo o respeito. Ninguém tem culpa de a vocação do meu filho ser completamente outra. Vida que segue!

Marcelo foi estudar na Trevisan. Audacioso, autodidata, criativo. De tão organizado, chega a ser metódico. Sempre falou inglês muito bem, por ter passado uma temporada no Canadá. Formou-se na faculdade de administração com um invejável desempenho. Foi rapidamente contratado pela Cargill, multinacional americana do agronegócio que "trabalha para nutrir o mundo", conforme o slogan.

Esse filho, além de inteligente, é genioso. Na empresa, conheceu Beatriz, advogada - coincidentemente, natural de Catanduva, onde moravam seus avós.

Foi amor à primeira vista. Casaram-se e formaram uma bela família, com filhas lindas, que amo muito. Beatriz foi um presente de Deus, uma excelente esposa, profissional supercompetente e uma mãe sensacional de minhas netinhas Julia e Melissa. Considero Beatriz uma "filha de coração".

Marcelo tinha um bom trabalho até que me surpreendeu:

— Pai, não se assuste, mas vou pedir demissão.

— Está louco? — perguntei, incrédulo.

— Não, pai, não venho gostando do que faço. Estou infeliz!

Tentei argumentar, claro, fazer com que ele percebesse que poderia cometer um grande erro. Não consegui mudar sua decisão. E, apesar de me preocupar com seu futuro, não queria meu filho triste, insatisfeito. Nenhum pai quer isso.

Quando Marcelo decidiu postergar a decisão, vibrei com a notícia. Afinal, ganharia mais um tempo para amadurecê-la. Seis meses depois, o seu departamento foi fechado no Brasil, mas pediram para ele ficar por mais seis meses. Após esse período, foi convidado para trabalhar em outra empresa de investimentos. Marcelo aceitou e novamente foi bem-sucedido. Até o dia em que me falou de novo:

— Pai, vou pedir demissão. Não é disso que gosto.

Fiquei apreensivo, mas, como ele não me pedia dinheiro para viver, julguei não ter o direito de palpitar. Havia o sonho de ter um trabalho autônomo. Testou sua vocação para o empreendedorismo com um e-commerce de lâminas de barbear. Foi procurando nichos até ser cofundador do Convenia, com atuação na área de tecnologia para recursos humanos.

Hoje, tem uma empresa que ocupa dois andares repletos de técnicos de TI trabalhando em período integral, que durante a pandemia do coronavírus continuaram produtivos, só que em home office. Seu negócio é vender benefícios para funcionários de empresas de pequeno e médio porte, com algumas dezenas de milhões de cadastrados.

Conforme foi crescendo, passou a atrair empresas de todos os portes. Atualmente, é bem colocado na área e professor da Escola Superior de Propaganda e Marketing (ESPM), uma das melhores do Brasil.

A vida me ensinou

> Conto essa história para embasar mais uma lição:
> você pode arriscar, sim, para encontrar o caminho
> da felicidade, aquele que está alinhado com
> a sua vocação.

Em contrapartida, o negócio do Fabrício era ser médico. Estudou medicina, clínica médica, cardiologia, cuja opção me encheu de orgulho. Quando terminou a residência, já atuava em dois grandes hospitais de São Paulo: Sírio-Libanês e Santa Catarina.

Até o dia que resolveu aceitar um convite para voltar para Londrina, no Paraná, e ele e sua querida esposa Ariane, que eram apaixonados pela cidade onde ele se formou e pela universidade, mudaram sem nenhuma dúvida sobre a decisão. Ele se tornou professor da Universidade Estadual de Londrina (UEL).

Ariane, minha nora muito querida, odontóloga supercompetente, atualizada e destacada profissionalmente, é também mãe perfeita e carinhosa com meus amados netos Felipe e Leonardo.

Enquanto estava na Escola Paulista de Medicina (EPM) da Universidade Federal de São Paulo (Unifesp), tornou-se instrutor dos cursos de Advanced Cardiovascular Life Support (ACLS) e Basic Life Support (BLS), ambos da área de cardiologia. E, mostrando que nossas origens nos movem, também cresceu na profissão com muito estudo e dedicação.

Fabrício chegou ao honroso cargo de coordenador do Centro de Simulação Cardiovascular da EPM e ministra cursos por todo o Brasil. Em parceria com outros valorosos colegas, fundou a Active, empresa especializada em cursos de capacitação e metodologias modernas de ensino médico – um sucesso reconhecido no Brasil e no exterior.

Priscilla, por sua vez, teve uma trajetória mais difícil na busca do melhor caminho. Fez a graduação em direito, depois decidiu estudar fisioterapia, porém, sua grande paixão sempre foi a dança, à qual sempre dedicou atenção, estudo e prática. Assim, criou o estúdio onde realiza fisioterapia preventiva integrada a técnicas cinesioterápicas e de dança e ainda atende casos de distúrbios temporomandibulares e dores orofaciais, áreas em que se especializou.

Ela sempre foi uma mulher decidida e lutadora, de sucesso. Sempre aprovada nos primeiros lugares de qualquer concurso que se submeta. Fez vestibular em São José do Rio Preto para psicologia e direito e me disse que ia fazer os dois cursos. Alguns meses depois, quis deixar o curso de psicologia. Concordei. Assim ela fez.

Aluna brilhante, não teve um exame final no qual não tenha sido aprovada. E, sem eu saber, passou no vestibular e fez fisioterapia. Eu tinha errado de novo, a fisioterapia que ela pratica tem tudo a ver com os seus maravilhosos dons artísticos e humanísticos. Exprime muita competência em tudo que se propõe realizar. Priscilla tem muita proteção divina.

Quando fez 18 anos de idade, disse que queria um carro de presente. Eu respondi que ela teria quando trabalhasse para comprar, a fim de ter ciência do valor. Um belo dia, ao chegar em casa, havia uma bandinha de música bem em frente e um caminhão com um carro em cima. Acredita que ela foi ao supermercado, preencheu um cupom de sorteio e ganhou um carro zero?

Hoje, com duas filhas lindas, supereducadas, demonstra ser uma mãe impecável e uma mulher incrível, sensível, humana, uma fortaleza para a vida… e o mais importante: é uma mãe extremamente dedicada a duas princesinhas maravilhosas, minhas netas Rafaella e Isabella.

Se nunca me vi em outra atividade que não a medicina – e a minha carreira de professor está ligada a esse universo –, como poderia discutir as opções de vida de meus filhos? Cada um obteve sucesso em suas escolhas; e sou muito orgulhoso da trajetória percorrida pelos três.

Tenho cada vez mais certeza da importância de seguirmos pelos caminhos que nos levam à realização plena do nosso potencial como profissionais e seres humanos.

De que adianta ganhar rios de dinheiro executando algo que não traz alegria? Por isso sempre defendi que o êxito financeiro é consequência de um trabalho bem realizado, feito com amor, prazer, dedicação.

A vida me ensinou

Continuo a desempenhar minhas funções (e eles também) na profissão com muito afinco, mas, desde a descoberta do câncer, venho me dedicando ainda mais às coisas que amo, como minha família, e aproveitando para conhecer o mundo. E quem sabe realizar o sonho de fazer uma viagem internacional com toda a família, unindo esses dois prazeres?!

A ideia surgiu quando um dos meus filhos disse que seria interessante termos nossa cidadania portuguesa. Achei a proposta ótima, e ele começou a estudar nossas origens. E não é que chegou a ponto de conseguir a relação de passageiros do navio que trouxe meu avô para o Brasil?! Então, lá no quarto 501 estava o senhor Manoel Furtado!

Fomos progredindo nessa investigação familiar, discriminando os detalhes, e chegamos à seguinte conclusão: ele nasceu nos Açores, na ilha de São Miguel, num vilarejo chamado Arrifes. O melhor é que conseguimos a comprovação. Descobri que os Açores é a mais rica região portuguesa de agricultura e fruticultura. Com isso, constatei que a minha fascinação pela botânica, essa forte inclinação para a biologia vinham das minhas raízes genéticas lá dos Açores.

É muito interessante também observar que todos os meus filhos gostam da área de educação, sendo que Fabrício é professor na UEL, Marcelo, na ESPM, e a Priscilla tem uma grande facilidade para ministrar aulas e palestras. Aqui nos encontramos na vocação de professor.

Empenho traz reconhecimento

A vida me ensinou... *quando o desafio é grande, o nosso empenho precisa ser ainda maior. E quando promovemos essa interação entre nosso bom trabalho com o bem que fazemos às outras pessoas, recebemos em troca estabilidade emocional, alegria, felicidade e saúde física.*

Não canso de afirmar que a medicina me proporcionou essa rica vivência de "dar e receber". Talvez eu seja afortunado, porque nunca medi esforços para oferecer o melhor em todas as missões a mim atribuídas. E combates não faltaram para pôr em xeque esse empenho.

Certamente um desses momentos foi durante a minha residência no Instituto Dante Pazzanese de Cardiologia. Nesse período altamente produtivo e enriquecedor em se tratando de experiências e aprendizados, convivi com mestres fantásticos e com o inesquecível professor Dr. Adib Jatene.

Em 1978, experimentei uma das vivências mais marcantes. Lembro-me muito bem de alguém contando sobre a inovação criada na Inglaterra, a válvula de Ionescu[8]. Já contei parte dessa história no quinto capítulo, mas, pela importância do fato, peço licença para retomar o tema e mostrar que o sucesso vem depois de muita batalha, noites sem dormir e labuta.

Na época, com a mente aguçada e o espírito pesquisador nato, já trabalhava fabricando dispositivos com a ajuda dos melhores residentes. Junto com o Dr. Cléber Costa de Oliveira,

---

[8] O cirurgião cardíaco Marian Ion Ionescu nasceu na Romênia, em 1929, mas escolheu a Grã-Bretanha para fazer carreira médica. Além de um grande educador, é autor de livros na área da medicina. Dedicando a vida à cirurgia cardíaca em sua amplitude, pesquisando e inventando dispositivos cirúrgicos, é mundialmente conhecido, especialmente pelas válvulas cardíacas artificiais.

éramos os residentes responsáveis pela confecção de próteses valvares de dura-máter, desenvolvidas no Brasil pelo professor Dr. Luis Boro Puig, no Hospital das Clínicas da USP, na equipe do professor Euryclides de Jesus Zerbini, uma descoberta pioneira e uma das bioproteses mais utilizadas no mundo.

Fonte: https://images.app.goo.gl/tb8GCfy7DRUJoSo4A

Íamos ao Instituto Médico Legal (IML) recuperar a dura-máter de cadáveres e colocá-las em glicerina (glicerol) para conservação do tecido e, na véspera da cirurgia, manufaturávamos as próteses sob a chefia do professor Camilo Abdulmassih.

Hoje, não só eu, mas também vários cirurgiões, entendemos que essa pesquisa brasileira só não deu melhores resultados, por não contar com mais estudos sobre a dura-máter e os métodos de conservação do tecido biológico.

Com a oportunidade que me foi dada pelo professor Camilo nesse trabalho, fiquei muito animado e comuniquei ao professor

A vida me ensinou

Adib Jatene o andamento do desenvolvimento da bioprótese de pericárdio. Na hora, ele foi bem cético, e a minha frustração bateu forte. Mesmo assim, resiliente, não desisti das minhas crenças. Eis que um dia, enquanto eu realizava perfusão em um paciente valvular que ele estava operando, eu o ouvi solicitar:

– Quero uma válvula 35 mm.

Alguém o avisou de que não tinha no estoque, porque esse número era muito pouco usado. Então, de pronto, eu, residente atirado, respondi:

– Professor, eu tenho, mas é a nova, a de pericárdio bovino.

Ele me pediu para mostrar. Olhou o material e decretou:

– Vou usá-la!

Fiquei radiante. O projeto estava pronto, à disposição, mas ainda não em uso regular. Olha a importância desse acontecimento! Após terminar a cirurgia, Dr. Adib parou na porta da sala e falou:

– Sabe por que aceitei sua sugestão? Porque em posição tricúspide tanto faz ter válvula como não ter, o coração funciona da mesma forma.

Lógico que ele precisava da prótese! Estava, na verdade, desafiando-me. De qualquer forma, seu comentário foi útil.

Com essa constatação do grande especialista e em virtude dos resultados publicados na Europa mostrando uma evolução dos pacientes com a prótese de Ionescu-Shiley, melhor que os obtidos com outras bioproteses, aos poucos foi-se substituindo a prótese de dura-máter, até chegar num ponto em que, seguindo a tendência dos outros serviços de cirurgia cardíaca, todos os cirurgiões de nossa equipe, não só os do Dante Pazzanese, mas de todos os hospitais onde operávamos, só utilizavam a prótese com anel flexível de Delrin desenvolvida pelo professor Camilo e por mim.

Até hoje, o Dr. Cléber, quando nos encontramos, brinca dizendo:

– Você, com essa prótese de pericárdio bovino, acabou com a minha fabricação de prótese de dura-máter.

E se antes o Dr. Adib expressava desconfiança, depois ele ficou bem animado e estava sempre sugerindo novas pesquisas. Com isso, virava e mexia, propunha:

— Você podia pensar em testar isso, aquilo...

No dia seguinte, ia encontrá-lo. E, assim, começamos a nos aproximar. Ele gostava de mim – à sua moda, claro. Comecei a ir para a oficina situada no Dante Pazzanese, onde ele fazia serviço de torno (máquina utilizada para fabricar diversos tipos de peças em aço, plástico etc.), e aprendi a produzir diversos dispositivos para utilização em pacientes.

Frequentemente, o Dr. Adib ia para a oficina e ficava até altas horas da noite, eu o acompanhava. Noite a noite, ia me ensinando "faz o torno assim, mede aqui...", "ah, precisava de um tarugo mais grosso...", assim, fui aprendendo uma faceta do processo de desenvolvimento de uma ideia, a pesquisa básica.

Para testar a fisiologia de nossas próteses, o professor Camilo, grande pesquisador, sugeria, e eu executava: testar as próteses em simuladores dos batimentos cardíacos, implantar as próteses em animais (cachorros) na cirurgia experimental. Isso nos proporcionou obter dados para a publicação de um trabalho no Congresso Brasileiro de Cirurgia Cardiovascular em Porto Alegre.

Para mim, a ciência não tem limites, e o bem dos pacientes está acima de tudo. Essa realização foi muito importante, e na minha concepção, com a concordância e a orientação do professor Camilo, o benefício deveria ser levado a outros hospitais. Porém, como o Dante Pazzanese é público, não era possível comercializar a novidade, ao contrário do que o Dr. Braile fazia com a produção dele.

Um dia, enchi o peito **de ar e** disse ao Dr. Adib:

— É o seguinte, doutor! O professor Camilo e eu pretendemos vender essas válvulas.

Ele ficou surpreso, chamou atenção para o fato de ser impossível. Expliquei-lhe que não visávamos ao dinheiro para nós dois, mas para a instituição:

— O projeto é do Dante, a arrecadação fica para ele! O intuito é ajudar quem precisa.

Graças ao bom relacionamento com o governador, Dr. Adib foi até ele e propôs a ideia. Foi aceita, gerando um projeto de lei enviado para a assembleia legislativa e autorizado. Passamos a comercializar a fabricação do Dante para hospitais do Brasil.

A vida me ensinou

Para identificar as peças, criei logotipo e numeração. Por exemplo: número 0031 FAJ (de Fundação Adib Jatene). Isso deu margem a muita gozação entre os colegas. Falavam que FAJ significava Furtado e Adib Jatene, mas não era nada disso.

Seguimos em frente com nosso trabalho. Graças ao nosso empenho, veio um excelente reconhecimento: as válvulas do Dante ficaram famosas e foram até exportadas para Peru e México. E, diga-se de passagem, são usadas até hoje.

Com o Dr. Adib na Secretaria Estadual da Saúde, aproveitei para observar o seu trabalho e, assim, aprendi muito sobre gestão pública. Quando ele se tornou ministro da saúde[9] pela primeira vez, acompanhei-o em ações do ministério. Isso sem deixar de desempenhar pesquisas com paixão, como a conduzida sobre cordão umbilical de placenta, entre outras. Mas era difícil conciliar tudo.

Por isso, um dia, comuniquei ao Dr. Adib o desejo de sair da equipe do Dante e tocar a vida. Ele pensou alguns minutos e me propôs uma mudança para o município paulista de Bauru, a fim de organizar o Hospital de Base de Bauru, e disse que eu deveria ajudar a planejar não só a cardiologia e a cirurgia cardiovascular, mas o núcleo hospitalar como um todo.

Logo, cuidei de convidar o Dr. Antônio Estéfano Germano, um dos melhores residentes que passou pelo Dante Pazzanese, para encararmos juntos o desafio. A partir daí, tudo o que fizemos foi em conjunto, cada um respeitando as potencialidades do outro, e tornamo-nos verdadeiros irmãos em toda a nossa vida profissional e para sempre. Para completar minha felicidade, Imilza e ele me deram três "sobrinhos" (Ricardo, Paulo e Estefane), um trio de médicos, sendo Ricardo cirurgião cardiovascular.

Tivemos colegas destacados que nos ajudaram nessa missão, entre eles, o Dr. Antônio Carlos Bráulio de Camargo, que continua na equipe e é um cirurgião cardiovascular impecável.

O Dr. Adib, homem de poucas palavras, não dava muitos detalhes sobre seus pensamentos. Conclusão: chegamos lá e

---

[9] Dr. Adib Jatene assumiu como ministro da saúde em dois períodos: em 1992, no governo de Fernando Collor de Mello; e em 1995, no de Fernando Henrique Cardoso.

não encontramos nada pronto. Não tinha hemodinâmica[10] nem estrutura cirúrgica. Era necessário começar do zero.

Para ajudar, o secretário nos deu um velho aparelho do Dante, pertencente à rede estadual, por isso podia ser instalado noutro hospital. Estava em péssimas condições, precisava de conserto, mas… e dinheiro para isso? Pensei, pensei. Sabe o que fiz? Busquei alunos do Instituto de Eletrotécnica da USP, expliquei a situação e pedi encarecidamente para realizarem o trabalho. Deu certo!

Citar as batalhas do meio político para obter recursos para a saúde seria, como diz a frase popular, "chover no molhado". Por transitar nessa seara, eu me lembro de uma cena peculiar.

Dr. Germano e eu tomamos uma bronca danada do então médico e deputado estadual Abrahim Dabus, de Bauru, por ter ido trabalhar na sua cidade sem avisá-lo. Alcides Franciscato, cunhado dele, deputado federal famoso e dono da viação Expresso de Prata, a princípio, também não viu com bons olhos a nossa chegada.

Confesso: eu não entendia como dialogar sobre saúde com o mundo político, tinha até certa ingenuidade nessa arte. Só pensava que, "se ninguém desejava me ajudar, tudo bem, eu seguia sozinho". Ia fazendo o necessário ao estilo Neder Abdo, o professor de biologia da época da juventude que se tornou um pai para mim. Ou seja, eu não gastava energia com a torcida contrária.

Os dias foram passando, e, com meu trabalho nesse hospital de Bauru dando resultados, tudo foi mudando. Para resumir, Abrahim Dabus se tornou patrono do serviço de cardiologia do hospital e grande amigo. Franciscato também ajudou bastante.

Graças à força política de ambos, quando inauguramos o serviço de Bauru, em 23 de julho de 1982, contamos com presenças ilustres para credenciá-lo. Como Thomaz Camanho Neto, então superintendente do Instituto Nacional de Assistência Médica da Previdência Social (Inamps) de São Paulo, e de um representante do Inamps de Brasília, trazidos pelo prestígio dos deputados Abrahim Dabus e Alcides Franciscato. Esse dia também foi marcado pelo nascimento do meu filho caçula, Marcelo.

---

[10] Ramo da fisiologia que estuda os movimentos e pressões da circulação sanguínea para diagnosticar e tratar doenças cardíacas.

A vida me ensinou

Ainda havia muito por fazer naquele setor recém-inaugurado. José Antonio Jatene, sobrinho do Dr. Adib e nosso colega de residência na cardiologia, propôs-se a ajudar só por um tempo, pois desejava morar em Goiânia. Obviamente, aceitamos, e ele nos auxiliou muito.

Por mais empenho pessoal que se tenha, é fundamental contar com auxílio de bons aliados para um projeto dar certo.

Lembro-me de nós dois no laboratório da Faculdade de Odontologia de Bauru, anestesiando cachorro, envolvendo-o num cobertor e descendo até o Hospital de Base para testar a regulagem do aparelho de hemodinâmica.

Dessa forma, com aquele equipamento, antes quebrado e abandonado no Dante, conseguimos fazer cateterismo em mil pessoas em Bauru – 99% pelo SUS. Essa conquista foi maravilhosa. É sempre gratificante colher os frutos de um trabalho, árduo em muitos momentos, mas importante para a saúde de tantos indivíduos. Por isso, eu não desisto nunca.

Veja a importância da resiliência – da certeza de que nada vence você, e de que, se persistir, consegue – e a beleza e o prazer da realização sem pensar em dinheiro, só colocando o bem acima de tudo. Na época, para mim, o grande prêmio era o imenso valor de tantas vidas beneficiadas.

Tenho lembranças incríveis do Dr. Adib nessa fase em que atuei em Bauru. Verdade é que pegava no pé dele por causa dos equipamentos hospitalares, mas, por conhecê-lo bem, usava a diplomacia. Costumava ir até a fazenda dele e o encontrava animado.

– Henrique, você viu este bezerro?

– Nossa! Nunca vi um tão grande! – eu respondia.

– Rubiquinho me deu! – dizia, referindo-se ao grande amigo Rubico Carvalho[11], do município de Barretos. Tanto que pegava

---

[11] Rubico Carvalho é dono da fazenda Brumado, em Barretos, e um dos maiores criadores de gado zebuíno do país. Foi o primeiro criador brasileiro a ter um animal da raça nelore registrado nos Estados Unidos, em 1993.

boi ruim do Adib, trocava por bom e, depois de um tempo, comprava o novilho dele. Isso acontecia em virtude da gratidão imensa por o doutor ter operado um familiar querido.

Enquanto Dr. Adib admirava seus bezerros, eu aproveitava e comentava:

— Quero pedir para o senhor um aparelho para medir pressão na sala de hemodinâmica, um tipo maior, para fazer outros exames também.

Certa vez, respondeu-me:

— Você não quer uma hemodinâmica nova?

— Lógico, mas custa um milhão de dólares!

Como ele era o secretário da saúde ponderou:

— Tenho uma verba do Ex-Im Bank[12]. Acho possível usá-la, inclusive para adquirir um polígrafo.

O que dizer?! Só agradecer a confiança em mim, a certeza de que faria um bom aproveitamento da oferta. Contudo, antes de isso acontecer, comentei que aquela primeira hemodinâmica doada estava ruim e arrisquei:

— Soube de outra hemodinâmica parada no Dante, não poderia levá-la para Bauru? Estamos precisando muito!

Ele me orientou a falar com o Dr. Eduardo Sousa[13], e tive uma surpresa negativa:

— Nunca vão tirar o aparelho daqui! É o preferido de um dos hemodinamicistas da equipe, não posso mexer.

Relatei o fato ao Dr. Adib. Na hora, ele ligou para o médico e avisou:

— Eduardo, é para dar o aparelho para o Henrique.

Conclusão: com o aparelho, pude fazer mais um tanto de procedimentos naquele hospital. Até que, em 1985, chegou o aparelho novo da empresa Shimadzu, que funcionou até o final de 2019, permitindo, pelos meus cálculos, a realização de uns 20 mil cateterismos pelo SUS.

---

[12] Export-Import Bank of the United States.

[13] José Eduardo Sousa é cardiologista e foi quem realizou o primeiro implante de stent convencional, em 1987, em todo o mundo. Ele também usou pela primeira vez em humanos o stent farmacológico, que libera medicamento diretamente no local da obstrução.

A vida me ensinou

Que visão tinha o Dr. Adib, por enxergar a possibilidade de uma ideia dar certo! E que responsabilidade a do Dr. Germano e a minha! Eu trabalhava dia e noite. Conversava tanto com o diretor do hospital quanto com o advogado Dr. Hely Felipe (um homem extremamente sério e competente, que se tornou um grande amigo), para solucionar os problemas inerentes ao trabalho. Não parava um minuto para oferecer o melhor atendimento de saúde possível.

Vivi um tempo feliz em Bauru. Cheguei a diretor-geral desse hospital. O revestimento externo com granilite na fachada foi feito na minha gestão e continua lá.

Uma grande lição: ao conquistar credibilidade, deve-se ter responsabilidade. Para você progredir profissionalmente, precisa saber retribuir confiabilidade, ter noção da importância do crédito que lhe foi atribuído. Sempre tive essa consciência.

Nos meus 25 anos como bauruense, conseguimos operar mais de oito mil pacientes. Importante ressaltar que a maioria foi via SUS. Também participei de muitas ações sociais e beneficentes, mas nunca usei isso com fins políticos.

No final da década de 1980, após o trabalho consolidado em Bauru, fui fazer um curso em San Diego, na Califórnia, e lá vi a técnica do homoenxerto aórtico. Denominada cirurgia de Ross, por ter sido criada pelo Dr. Donald Ross[14], era famosa na Europa, mas ainda não realizada no Brasil. No congresso, encontrei o cirurgião e professor Dr. Mark O'Brien, que operava em Brisbane, na Austrália, muito experiente no procedimento, e procurei aprender com ele muitos detalhes.

Quando retornei, pude realizar a primeira cirurgia de Ross da América Latina, conforme comentei lá no primeiro capítulo. Essa cirurgia corresponde a tratar o fechamento ou a insuficiên-

---

[14] Donald Ross foi uma referência global em cirurgia cardíaca. Nascido na África do Sul, migrou para o Reino Unido, a fim de seguir carreira. Desenvolveu a cirurgia reconstrutiva pioneira da raiz da aorta usando o homoenxerto aórtico e o autoenxerto pulmonar (Ross Procedure). Realizou a primeira operação de transplante de coração na Grã-Bretanha, em 1968 – um ano após o primeiro transplante de coração do mundo ser realizado por Christian Barnard, na Cidade do Cabo, em 1967. O Dr. Ross faleceu em 2014.

cia da valva aórtica do coração por meio de um transplante da valva pulmonar do próprio coração do paciente, para substituir a valva aórtica doente (autotransplante).

Foi até certo ponto uma cirurgia pioneira, porque na Europa usavam homoenxertos para reconstituir a valva pulmonar e o tronco da artéria pulmonar transplantada. Como aqui não tínhamos tal recurso, empreguei enxerto de pericárdio bovino – com o qual já tinha experiência de trabalho –, em vez do homoenxerto.

A grande vantagem dessa cirurgia é que, como a valva pulmonar é do próprio paciente, não há rejeição, e a durabilidade da prótese é muito maior que a das outras próteses biológicas.

Foi um sucesso! Fui capa da revista *Veja*, e o tema rendeu reportagem no Fantástico, da TV Globo! Após cerca de 30 anos, o paciente, um trabalhador simples, que transportava frutas em uma Kombi, até o momento da edição deste livro, estava saudável e com ótima qualidade de vida.

Um fato interessante: quando voltei daquele congresso americano, não contei a ninguém que havia aprendido muito sobre a nova cirurgia. Nem ao Dr. Antônio Estéfano Germano, meu cirurgião-assistente e coassociado, nem a outros da equipe. Iniciamos a cirurgia, na qual utilizei a técnica inovadora, mas ninguém me perguntou nada durante as 12 horas da operação daquele trabalhador rural.

O aprendizado disso: quando confiamos em quem está dividindo conosco uma tarefa, ela se desenvolve muito bem, e não é preciso ficar angustiado com os procedimentos que serão feitos.

Só fui questionado depois, quando já estávamos comendo bauru na tradicional lanchonete Skinão. Na hora, pedi desculpas. Porque estava focado demais na cirurgia, ainda mais por ser a primeira vez, não me dei conta de explicar a situação. E agradeci a confiança da equipe. Essa realização tão importante foi apresentada no Congresso da Sociedade Brasileira de Cardiologia, em Porto Alegre.

Apesar dos bons resultados, depois de um tempo, não a realizei mais. Um paciente jovem veio a óbito, e questionei-me

A vida me ensinou

se não deveria ter escolhido outra técnica. Então, mesmo existindo um considerável número de cirurgiões obtendo bons resultados com esse procedimento, por questões pessoais, na nossa equipe, fizemos somente em reduzido número de casos.

Outro ensinamento: se você não tem certeza, não faça. Só execute algo com convicção de ser o melhor para o momento, para o projeto, para o paciente.

Sempre procurei agir com responsabilidade. Afinal, lidar com vidas humanas pede todo o cuidado, ética e profissionalismo possíveis. Regido por essas três palavras, tive uma carreira pautada em ações eficientes e mínimos problemas com pacientes. Isso me levou a ser respeitado no Brasil e no exterior e convidado muitas vezes para palestrar em importantes eventos.

Como relatei no início deste livro, anos atrás, fui fazer uma conferência em Lima, no Peru, na Universidade Cayetano Heredia. Na época, estava presente o professor PhD Naranjan S. Dhalla, fundador e presidente honorário da Iacs. Fundada em 1996, a instituição está sediada em Winnipeg, Canadá, e é composta por renomados cardiologistas e pesquisadores mundiais.

O objetivo da Iacs é fornecer estrutura organizacional para o compartilhamento de pesquisa e educação no campo da saúde do coração. Por meio de conhecimento, pode-se chegar à prevenção, ao melhor diagnóstico e à terapia de doenças cardiovasculares, promovendo a redução da morbidade. Acredito muito nessa premissa!

Minha apresentação foi bastante elogiada pelo Dr. Dhalla, citando que minha conferência teria sido uma das melhores daquele congresso. Ele ressaltou a característica particular de pesquisador com grande prática clínica e de ensino. Talvez, essa qualidade particular mostrava como é importante a pesquisa aplicada. Segundo ele, a atuação dessa forma nem sempre caracteriza os cientistas que se dedicam mais ao trabalho em laboratório e à educação.

Pois bem. Essa academia só tem 250 *fellows*, entre todos os países, e só entra um novo quando ocorre vacância por alterações hierárquicas. Em 2017, após esse encontro em Lima, fui o único eleito da América Latina. Imagine a honra de ser incluído no grupo dos cientistas mais importantes do mundo! Posteriormente, tornei-me conselheiro do capítulo latino-americano da Iacs.

Com isso, dou aulas no Brasil, na Argentina, no Peru e em outros países da América Latina e faço palestras também na Europa. Vou destacar uma importante no capítulo 10, realizada na Sérvia, junto com os desafios que enxergo para a medicina evoluir significativamente.

É lisonjeador receber tantos convites. Porém, para muitos digo não. Falta de vontade? Ao contrário, responsabilidade.

Eu preciso me dedicar ao dia a dia na UFT, outra tarefa muito prazerosa, em que posso desempenhar papéis de educador, pesquisador e orientador. Vários trabalhos acontecem na universidade, além das aulas.

É o caso da produção que foi objeto de solicitação de registro de patente, em parceria com a Liga Acadêmica de Cardiologia, de um suporte de aço inox para utilização em cirurgia. Sem falar em um estetoscópio amplificado que foi produzido por um aluno a um custo muito baixo, quando comparado ao do aparelho europeu.

Não posso reclamar da vida. Sou muito feliz por receber o reconhecimento de profissionais da área e também por ver tantos alunos meus atuando em hospitais e laboratórios de pesquisa.

Recentemente, ao entrevistar um novo cardiologista para atuar na nossa equipe, recebi o Dr. Roberto R. S. Camargo, com toda a titulação requerida, e, quando lhe perguntei onde tinha se formado, tive a grata surpresa de saber que tinha sido meu aluno na UFT. Que orgulho e alegria, principalmente por ele agora fazer parte do corpo clínico da Clínica Dr. Henrique Furtado, em Palmas.

Acredite, essa riqueza enorme de vivências não me foi dada ao acaso. Reforçando o grande aprendizado que abre este livro, tudo que já produzi vem sendo somente um ponto inicial que se amplia de forma piramidal para fazer bem às outras pessoas. E assim vou seguindo e subindo cada lance até onde eu puder – ou Deus me permitir – chegar!

Missão dada é missão cumprida

A vida me ensinou... *quando a missão for sua, você terá a percepção disso. É preciso sensibilidade para reconhecer qual aviso está sendo colocado à sua frente. Observe os sinais e acredite neles! Invista sua força e capacidade para fazer aquilo produzir qualquer benefício que seja. Mesmo que a perspectiva seja pequena, trabalhe e dedique-se, que vai progredir!*

Peço licença para viajar por outro campo que não o da medicina. Quero explorar outro universo tão apaixonante para mim quanto o da missão que escolhi de salvar vidas. Sempre fui atraído por fazendas. Na infância, ia muito para a dos meus tios, na companhia de primos. Tenho lembranças maravilhosas desse período da vida, especialmente das brincadeiras de criança. Como foi bom...

Naturalmente cresceu junto comigo um desejo de ter um pedaço de terra que fosse produtiva de alguma forma. Até que a primeira tentativa surgiu na época em que morava em Bauru. Fui organizar o hospital da secretária estadual em Bauru, a convite do Dr. Adib Jatene.

Compartilhei a ideia com o Germano, meu sócio na Bioval, a empresa que fundamos, conforme expliquei no quinto capítulo, após eu sair do Dante Pazzanese para fabricar válvulas porcinas e de pericárdio bovino. Ele é como um irmão que não tive, um querido, sempre disposto a considerar meus devaneios.

Estudamos juntos no colégio Barão de Rio Branco, mas, como prestei vestibular no segundo ano do colegial, fiquei um ano à frente dele. Depois, Germano foi fazer residência médica no Dante Pazzanese, onde eu já estava no segundo ano da residência.

Plano aceito, compramos dois sítios em sociedade na zona rural da cidade, e meu tio mandou para lá 200 vacas produtoras de leite. Contratamos vaqueiro para cuidar de tudo. A ideia, como sempre faço, era de também ganhar algum dinheiro com a venda do leite.

Num belo dia, toca o telefone com a notícia:

— Doutor, os dois peões foram embora.

— Como assim? Quem vai tirar o leite? — perguntei.

Liguei para o Germano na hora e compartilhei a angústia.

— E daí? — questionou-me.

— Temos de ir lá.

— Fazer o quê?

— Tirar leite, ora!

— Você está doido, Henrique, nunca fiz isso! — Para dar uma ideia do problema que havia sido criado na cabeça dele, Germano entrava no curral só com a ponta dos pés, para não pisar em estrume. Como ia ordenhar vacas?

— Germano, se a gente não tirar o leite, o animal tem mastite.

E lá fomos nós! Imagine a cena cômica, foi um desastre total! Não teve jeito. Na semana seguinte, vendemos todas as vacas leiteiras.

Outro episódio marcante dessa fase foi quando resolvemos abater gado para obter a carne. Fomos lá! Afinal, nós sabíamos anatomia... pensamos que seria moleza! Soberba é sempre ruim. Sabe, pois, o que conseguimos? Transformar uma vaca em carne de segunda. Foi o fim das nossas atividades rurais na época.

O destino, porém, reservava-me surpresas boas mais à frente. Um dia, encontrei um rapaz que me perguntou se eu não queria comprar a fazenda dele.

— Onde fica? — perguntei.

— Lá no Norte de Goiás, doutor. — respondeu prontamente.

— E por que você vai vender? — indaguei curioso.

— Ah, o povo comenta que vai ter um estado novo por lá. Eu não acredito nisso, não. Ganhei do meu sogro, não me interessa. — disse descrente de que tal presente tivesse grande valor.

– Pois eu quero ver. Você pega um sítio em Duartina como parte do pagamento? – Propus antes de me animar demais.

Ele me olhou e revelou querer outra coisa. Tinha admiração pelo meu carro, pois naquela época não existiam muitas caminhonetes de quatro portas – e eu a havia transformado com vários acessórios vistosos. Tinha até TV, estava espetacular. Então, o jovem rapaz me falou que trocava a propriedade pela caminhonete e mais alguma coisa. Eu topei na hora:

– Fechado!

Essa primeira conversa aconteceu em uma quarta ou quinta-feira. No sábado cedinho, fui com ele para Duartina, dei-lhe dois alqueires paulistas de terra (deve ser o equivalente a um alqueire no Tocantins), onde eu criava bicho-da-seda.

– O senhor nem conheceu a fazenda. Quando pretende ir lá? – interrogou-me curioso.

– Agora.

– Como assim?! São 1.650 quilômetros de distância!

– Eu vou, está resolvido!

Como naquele tempo era impossível comprar combustível em final de semana, enchi dois galões de reserva, coloquei-os na traseira da caminhonete, ele me apresentou um corretor que iria comigo, e partimos. Admito, não foi uma viagem fácil. Choveu muito. Chegamos ao Norte de Goiás, onde futuramente seria criada a cidade de Palmas, somente no meio da tarde do domingo.

Entraves nunca me seguraram na vida!

À primeira vista, confesso ter sentido certo desânimo. A geografia local era de serra. Ele logo me contou que, naquele lugar, seria fundado o estado do Tocantins, com capital e tudo. Acho que a ideia era me impressionar, para eu não desistir do negócio.

Avistei duas coisas de que nunca gostei: fazenda quebrada com morraria e casa situada em uma parte muito baixa. Engraçado ter tais ressalvas, porque nunca residi na região mais alta (em Palmas, atualmente, moro ao lado do rio); e estava prestes a ser dono de um rancho cheio de morros! Contradições para as quais com certeza deve existir uma explicação.

— Esse negócio não me interessa. — avisei, sem fazer rodeios.

— Mas o senhor nem viu direito! — justificou o rapaz.

— Não gosto de morraria. — Na verdade, estava fazendo um jogo clássico de negociação. Eu tinha gostado, sim. Eram 500 alqueires paulistas, ou 250 alqueirões, ou 1.206 hectares, com uma bela mina d'água. Assim que eu vi o lugar, tive a certeza da compra. Disse aquilo porque ele era corretor, e mostrar desinteresse podia evitar inflacionar o preço.

Saímos de lá e pernoitamos no município de Porto Nacional no domingo. Segunda-feira, cedinho, estávamos na estrada, chegando a Bauru de noitinha. No início da tarde de terça-feira, eu já tinha comprado a fazenda em troca de uma caminhonete F-1000, dois alqueires paulistas de amoreiras e o equivalente a uns 30 mil reais em dinheiro na moeda atual. Eu sei, foi muito barato. No entanto, em meados de 1988, era meio do mato, não tinha praticamente nada.

A boa notícia: em 05 de outubro daquele ano foi promulgada a Constituição do Brasil, e criado o Estado do Tocantins[15] pelo então deputado Siqueira Campos[16]. Para isso, ele fez greve de fome e precisou fazer os convencimentos necessários até que conseguiu o desdobramento em estado novo daquela região, considerada até então o "norte pobre" de Goiás.

Logo comecei a concretizar, cheio de entusiasmo, o desejo de obter sucesso com meu novo pedaço de terra. A partir de 1989, uma vez por mês, saía de Bauru em direção ao Tocantins. Ficava quatro dias na estrada, dois para ir e dois para voltar, permanecendo três dias lá. Era um sacrifício, mas que me causava um prazer imensamente maior.

---

[15] Em junho de 1987, o deputado Siqueira Campos, relator da subcomissão dos estados 1 da Assembleia Nacional Constituinte, redigiu e entregou ao presidente da assembleia, o deputado Ulisses Guimarães, a fusão de emendas criando o estado do Tocantins, que foi votada e aprovada no mesmo dia. Assim, pelo artigo 13 do Ato das Disposições Constitucionais Transitórias da Constituição, em 05 de outubro de 1988, nascia o estado do Tocantins. A cidade de Miracema do Norte, localizada na região central do novo estado, foi escolhida como capital provisória.

[16] José Wilson Siqueira Campos foi empossado governador do estado do Tocantins no dia 1.º de janeiro de 1989.

A vida me ensinou

Mamãe morava em Goiânia e ficava desesperada de tanta preocupação comigo na estrada. Dizia que iam me matar na Belém-Brasília. Eu a tranquilizava:

– Mãe, não se preocupe! Quando anoitece, eu procuro um lugar seguro e durmo.

Imagine se ela soubesse a verdade, que eu parava num posto e cochilava dentro da caminhonete. E, como sou grande, ainda deixava a porta do carro aberta. Só que eu sentia ter uma proteção divina.

E eu agia com honestidade, o que considero uma blindagem invisível contra qualquer agente do mal. Essa história de que a oportunidade faz o ladrão não é 100% verdadeira.

Tendo isso em mente, eu viajava tranquilo, tranquilo. Na propriedade, situada na divisa de Aparecida do Rio Negro com Palmas, comecei criando gado. Aos poucos fui comprando as terras vizinhas. Adquiri mais uns sete ou oito sítios e cheguei a ficar com uma gleba muito grande.

Em 1989, o governador Siqueira Campos resolveu que a capital do estado seria Palmas[17] – olha só, bem onde estava a minha fazenda! Existia uma disputa grande com outras cidades, como Miracema, Paraíso, Porto Nacional, Gurupi, Araguaína. Porém, ele decidiu fazer uma cidade nova, planejada, no local mais carente do Tocantins.

Para traçar um perfil da época, pense que no estado tem dois rios caudalosos correndo paralelamente à rodovia Belém--Brasília, a estrada considerada a coluna dorsal do Brasil. De um lado está o Rio Tocantins, e do outro, o Rio Araguaia, que se unem para formar o Bico do Papagaio, região localizada entre o Tocantins, o Maranhão e o Pará.

Imagine que em Porto Nacional não havia ponte para passar de um lado do Rio Tocantins para o outro. Então, as pessoas usavam barco como meio de transporte toda vez que

---

[17] De acordo com historiadores, a ideia de construir uma cidade nova partiu do governo da época, a fim de garantir que a nova capital contribuísse com o desenvolvimento da região que ficava distante da BR-153. A pedra fundamental foi lançada em 20 de maio de 1989.

quisessem ir às compras. O governador resolveu, por isso, colocar a capital ali, com o objetivo de desenvolver a região. E isso aconteceu de fato. A ponte foi construída, assim como outros benefícios.

Eu continuei a vivenciar meu sonho de ser fazendeiro paralelamente à medicina. Animado com a empreitada, comprei outra propriedade em Ponte Alta, cerca de 100 quilômetros do município de Porto Nacional, que estava com um preço ótimo. Quantos desafios!

O primeiro foi chegar lá. Tivemos de atravessar um rio muito profundo (Rio Balsas), pondo a caminhonete sobre uma balsa, que íamos puxando por um cabo de aço para que deslizasse pela água. O segundo desafio tinha a ver com segurança, pois a criminalidade lá era grande. Tanto que o camarada que nos recebeu e mostrou o espaço, Bubbaloo, contou que o verdadeiro dono tinha sido assassinado por causa de agiotagem.

Na fazenda, quando chegamos, já quase noite, fomos recebidos por um homem que havia anos morava lá. Era um senhor de idade, bem magro, que todo choroso demonstrava temer pela casa dele. Como defesa, portava um facão que metia medo. Reconheceu ser um invasor, mas o pai dele morou no local a vida toda. Ele possuía lavoura, era casado com uma mulher cega e sentia muito medo de o mandarem embora. Imagine se eu faria isso... nunca!

Fechado o negócio, só depois eu fiquei sabendo a razão de o corretor ser chamado por aquele nome. Na primeira exposição agropecuária de Porto Nacional, o pessoal da marca de chicletes Bubbaloo pendurou vários e imensos balões coloridos. O Bubbaloo chegou armado e resolveu atirar em todos, para testar a mira, não deixou nenhum sem furar.

Pois foi com esse indivíduo que eu viajara à noite para ver a fazenda, que ficava em um local totalmente isolado, sem estrada, sem ponte... imagine só se minha mãe ficasse sabendo daquilo! Contudo, fui conquistando o famoso Bubbaloo com a minha paz e índole do bem; e viramos amigos.

Como não tinha capital para investir, eu mesmo ia para lá cuidar dessas terras. Arregaçava as mangas e fazia o necessário.

Fonte: acervo do autor

Nunca tive medo de trabalho, também nunca desmereci nenhuma atividade. Precisa fazer? Eu faço!

Estávamos em 1992, 1993, quando, em um desses dias de labuta, ouvi do eletricista que consertava minha caminhonete, em Palmas, na Autoelétrica do Negão, a seguinte afirmação:

— Doutor, sabe o que eu faria se tivesse dinheiro? Uma indústria de água mineral.

— Por quê? – perguntei.

— Estou tomando uma que vem de Araxá, lá em Minas. Pense no custo disso, doutor.

Imediatamente, veio-me à mente o fato de existir duas minas imensas na fazenda, que brotavam do chão. Voltei, coletei a água e mandei para análise do, na época, Departamento Nacional de Produção Mineral (DNPM), no Rio de Janeiro. Decorrido um tempo, eles me ligaram dando a boa notícia:

— Essa água é uma das melhores!

Pois é! Isso porque, descobri depois, o solo naquela área do Tocantins é extremamente pobre. Então, não tem cálcio, não tem enxofre... e qual é a melhor água? A pura!

O que a vida me ensinou: o eletricista deve ter comentado sobre a água, que não deveria vir de longe nem custar tanto, com muitas pessoas, mas aquela era uma missão para eu executar. A vida manda recados, e é preciso saber ouvi-los. Fique atento às pessoas colocadas na sua vida.

A partir daí, eu comecei a trabalhar para fazer a indústria de água mineral. Acontece que no Brasil esse negócio sempre foi reserva de mercado, um truste liderado por grandes empresas. Então, não se aprova facilmente um projeto de pesquisa nessa área.

Foi quando o professor Adib Jatene me socorreu de novo. Ele ligou para o ministro de minas e energia e pediu para olhar a minha solicitação com muito carinho, porque era para uma região muito carente. Eu peguei o melhor especialista no assunto do Brasil, Marcelo Reis, um geólogo fantástico.

Dessa forma, eu fiz, sem muito recurso, com financiamento do Banco da Amazônia, a indústria de água mineral Santa Clara. Até hoje produz muito e é respeitada. Todas as vezes que aquele rapaz que me vendeu a fazenda por desdenhar o presente do sogro me encontrava, falava:

— O senhor sabia que lá existia água mineral, né? O senhor me deu o tombo!

Eu não tinha a menor noção... como saberia? Na verdade, essa experiência me valeu mais uma lição de vida. O sogro tinha lhe doado a fazenda, e ele não foi até lá conhecê-la melhor. Falara para mim:

— Não vou lá naquele meio de mato, lá não vai ter nada, nunca.

Porém, após adquirir a fazenda me tornei amigo do sogro dele, que me confidenciou:

— Doutor, dei a este rapaz a melhor fazenda que eu possuía, lugar rico de água!

Pois esse rapaz, trabalhador de um centro de saúde, com um salário baixo, não quis se aventurar no meio do mato, como ele dizia. Não foi capaz de enxergar a potencialidade daquilo. Conclusão: eu comprei dele algo de que desdenhava, e hoje isso vale muito dinheiro.

Mais um grande ensinamento: procure as pessoas que lhe parecem muito acima da sua capacidade e copie tudo aquilo que for bom para você. Não se aproxime das derrotistas, que não se dedicam a nada. A vida acontece para quem acredita!

Com a fundação da indústria de água mineral, fui falar com o governador Siqueira Campos. O estado estava em pleno desenvolvimento, e eu sentia que poderia cooperar com a prosperidade da região. Então, expus todos os fatos e, com humildade, levantei algumas necessidades para aquilo tudo crescer.

Ele, com um estilo próprio, muito genioso, para não dizer bravo, disse-me:

— Não quero saber de paulista vindo explorar o nosso estado. O que você quer? — falou de modo desencorajador.

— Eu preciso de energia elétrica, estrada! — respondi.

— Primeiramente, você monta tudo, constrói a indústria, e depois eu faço a estrada e levo a energia elétrica.

Mesmo sem ouvir o que eu desejava, sabia que ele era um indivíduo de "palavra dada é palavra resolvida e realizada". Saí de lá e, resiliente, acreditando nos benefícios daquela água para a região, toquei em frente o meu projeto como podia. Construí um negócio grande, moderno, lindíssimo. Depois, voltei ao gabinete.

— Governador, está tudo pronto. Agora, eu preciso do asfalto e da energia elétrica. — Cobrei na "cara dura".

Na época, tinha tomado emprestado um gerador a diesel da então Companhia de Energia Elétrica do Tocantins (Celtins), para ir operando no início dos trabalhos. E o governador foi lá, fez a inauguração e ficou incrivelmente feliz. Entre outros motivos, porque a indústria estava em Aparecida do Rio Negro, um município muito pequeno, propiciando desenvolvimento à região e capacitando os moradores.

A partir de 1998, uma vez por mês, eu saía de Bauru em direção ao Tocantins, a fim de capacitar pessoas que até aquele momento só sabiam roçar a terra, para controlar máquinas fabricadoras de garrafas e enchedoras automáticas. Isso trouxe um enorme progresso.

Olhe só como eu fui beneficiado e abençoado! Recebi uma fonte de saúde e a fiz chegar a muitas pessoas. Desde o começo, assumi o compromisso pessoal de preservar essa riqueza natural, de manter as árvores, de respeitar o meio ambiente. E assim eu fiz.

O governador ficou muito animado, mas ponderou precisar de tempo para cumprir com as melhorias. Eu já desconfiava dessa resposta. Por isso, havia decidido fazer uma miniusina hidrelétrica. Fui atrás de um senhor chamado Djalma, lá em Goiânia, experiente nesse trabalho em Roraima e Rondônia. Fui proativo para fazer aquilo acontecer. E era possível, graças à geografia local.

Em minhas terras está a nascente do Rio Negro, que dá nome à cidade próxima de Aparecida do Rio Negro – não confunda com aquele da Amazônia, de Manaus. E tem muitas cachoeiras. Eu, médico de São Paulo, de mãos finas, junto com o senhor Djalma, amarrava cordas e descia 100, 200 metros, até as margens do rio, para desbravar cachoeiras. Encontramos uma com 57 metros de altura, ótima, mas, para a ideia da miniusina, precisávamos que tivesse pelo menos 60, 70 metros.

Lembre: não há obstáculo impossível de ser ultrapassado, quando existe vontade, dedicação, disposição. Pois bem, represamos a parte de cima do rio e construímos um canal cujo nível era sete metros mais alto que a cachoeira. Jogando a água em mais uma represa e usando tubulação de ferro, criamos a queda d'água de 64 metros que precisávamos – assim surgiu a usina, na verdade, uma pequena central hidroelétrica (PCH), que chegou a produzir 150 kVA de energia.

Quando ela estava pronta, fomos medir novamente a cachoeira: 60 metros! Portanto, não precisávamos ter feito as duas represas, e o canal foi um erro de projeto, mas nada disso me desestimulava. Foi assim que toquei durante muito tempo a minha indústria com usina própria.

Não era fácil, não. Se por um lado a época das chuvas é a de maior produção, a quantidade de raios no Tocantins, por outro, fazia o transformador queimar frequentemente.

Finalmente, o governador propôs fazer a linha de força, mas logo me avisou que, por usar dinheiro público, ela não ultrapassaria o limite de Aparecida do Rio Negro com Palmas. Dalí para frente eu teria de bancar. Topei, e assim foi feito.

Segundo a companhia de luz, provavelmente todos os moradores das redondezas iam querer puxar energia para suas casas. Desse modo, eu poderia cobrar uma taxa como forma de reembolso do investimento feito. Após um período, marquei uma reunião visando a criar um consórcio que permitisse oferecer energia a todo mundo dali, em troca de um pequeno valor.

Porém, apareceu um candidato a vereador discursando ao povo:

– Não aceitem isso! O Dr. Henrique é obrigado a construir a linha de energia elétrica porque ele precisa na indústria. Não assinem e não paguem nada! Assim vocês ligam a energia de graça nas suas fazendas.

A princípio, eu fiquei maluco com aquilo. Mas não é que o vereador estava certo? Alguns anos depois, fui candidato a deputado federal e acabei liberando as ligações gratuitas de luz para todo mundo.

Dá para perceber que enfrentei intempéries, mas tive muitas alegrias e reconhecimento, como a construção da estrada estadual pelo governo. A indústria gerou muitos empregos e impostos. Até hoje a maioria das pessoas que começaram comigo está lá. Elas evoluíram, conquistaram bens, têm automóvel. Foi um grande empreendimento.

Gosto de dizer que sou parente de São Pedro. Tenho espírito de empreendedor e construtor de boas obras. E digo que todos os homens empreendedores não vivem bem. Porque todo empreendimento terminado perde o interesse. Tarefa cumprida já abre espaço para outro desafio.

Por causa disso, e porque morava longe – eu continuava mantendo residência no interior paulista, em Bauru – e não conseguia administrar a fábrica como gostaria, resolvi vendê-la para um grupo japonês. Era liderado pelo empresário e amigo sem igual Yassushi, do grupo Taji. Ele, com a família (característica de gestão de alguns japoneses), a esposa Rute, a filha Cimara e o genro Casciano, imprimiu crescimento e modernização ao negócio. Que exemplo de pessoas íntegras, dedicadas ao trabalho, que me honra ter trazido para o Tocantins! Eles simplesmente a transformaram na maior empresa de água mineral do estado, motivo de muito orgulho para mim.

Eu fiquei com a fazenda, que é uma paixão. Hoje, parte dela é arrendada, onde há plantação de soja e milho. Eu tenho uma área para criação de gado e estou com a cabeça cheia de ideias para melhorar a produtividade, os cuidados sanitários, com responsabilidade, inclusive ambiental.

Já tenho um pomar com 150 espécies frutíferas do norte goiano, e isso me traz à mente o meu avô, Antônio Furtado. Ele era da região portuguesa dos Açores e veio para o Brasil logo após a abolição da escravatura, quando as lavouras de café precisavam de mão de obra.

Estabeleceu-se em Franca, no interior paulista, e ali casou-se com vó Amélia, também descente de portugueses. Tiveram muitos filhos, entre eles, meu pai, que adora plantas também – na casa dele tem jardim, pomar. O meu avô montou uma horta para vender verduras: imensa, irrigada, com produção capaz de encher caminhão. Eu me lembro da roça de mamão. São tantas boas lembranças!

Hoje, vejo que fui para o Tocantins atraído pela ideia de ter fazenda, plantar, colher. Realizei esse desejo, acredito que essa é minha segunda paixão após a medicina, graças a Deus, mas percebo que este estado me proporcionou outras experiências fantásticas, de empreendedorismo. Assim como me fez assumir missões que eu jamais esperaria vivenciar com tamanha intensidade, na medicina e na política. Ah, são histórias para o próximo capítulo!

Determinação é o que nos leva adiante

A vida me ensinou... *não existe obstáculo que não possa ser superado com fé, trabalho, confiança e honestidade.*

Essa lição foi assimilada por mim durante várias etapas da vida. Porém, entendo que ter expandido horizontes além do interior de São Paulo para o Tocantins aprimorou minha capacidade de lidar com adversidades, sem desistir dos meus propósitos.

No mais novo dos estados brasileiros, criado em 1988 e pertencente à região Norte[18] do Brasil, dei prosseguimento à minha atuação na área da saúde e também fiz meu ingresso na área política. Não que eu tivesse programado uma mudança de vida 180 graus.

Fui parar nesse estado promissor quando suas terras ainda pertenciam a Goiás, por uma dessas artimanhas do destino, sem ter planejado ou procurado algo na região. Simplesmente aconteceu. Ou melhor, fui seduzido pela possibilidade de ter a minha fazenda e tornar real um sonho antigo. Além do mais, eu nunca virei as costas a um desejo.

Pois bem, passei anos na estrada, na rota Tocantins-São Paulo, e vice-versa. Isso porque mantinha a minha atuação como médico em Bauru, que, inclusive, ampliei com a construção de um hospital na cidade, o Cardiovida (atualmente Hospital São Lucas), quando contei, mais uma vez, com a parceria do Dr. Antônio Estéfano Germano.

---

[18] O Tocantins faz fronteira ao norte com o Maranhão, ao leste com o Maranhão, o Piauí e a Bahia, ao sul com Goiás e ao oeste com Mato Grosso e Pará.

Compramos de um médico conhecido um terreno equivalente a uma quadra (10 mil metros quadrados), por oito mil dólares, na saída da cidade de Bauru. Porém, logo percebemos que a "concorrência" estava construindo hospitais na zona central; e talvez não fosse a melhor estratégia oferecer atendimento médico em um endereço mais distante.

Entre tantas lições desse momento da minha vida como bauruense, uma das mais valorosas foi: nunca pense que um projeto que não foi à frente do jeito que imaginou lhe deu prejuízo ou falhou. Mude o caminho, mas persista na conclusão do seu plano.

Como não queríamos ficar para trás, decidimos, então, seguir o mesmo rumo dos concorrentes. Deixamos aquela área de lado e buscamos um espaço mais centralizado. Achamos! Trabalhamos duro e, com o auxílio de colaboradores muito importantes, em 1990, vimos esse sonho tomar forma.

A estrutura era completa: tinha UTI, hemodinâmica, cirurgia cardíaca e tudo mais, para oferecer excelente assistência. Além de uma infraestrutura do bem para a comunidade, essa corajosa iniciativa me trouxe grande vantagem pessoal: permitir ser dono da minha agenda de cirurgias, escolher o anestesista com quem queria trabalhar. Ou seja, proporcionou liberdade de atuar nos moldes das minhas crenças e preferências.

Isso gerou resultados fantásticos no meu trabalho. Com o tempo, aprimorou meu currículo, para que eu fosse convidado a bancar mais um desafio grandioso no Tocantins.

O ano era 1998. Por conta da minha vasta trajetória profissional, incluindo a construção do Cardiovida em Bauru, e do bom contato com o então governador Siqueira Campos, alguns cardiologistas tocantinenses dividiram comigo a necessidade da realização de cirurgia cardíaca no estado. Como eu passava grande parte do tempo lá, solicitaram a minha ajuda para organizar o serviço.

Na época, o suporte era bem precário, e eles sonhavam com um bom centro hospitalar, especializado em cardiologia, na capital, Palmas. Claro que não me esquivei e aceitei mais um desafio.

A vida me ensinou

Avaliando todas as informações recebidas e juntando minha experiência e visão médica, percebi que o projeto não poderia ser do jeito proposto. Foi quando lhes disse:

– Não é assim que se faz. Precisamos realizar um estudo dos 139 municípios, buscando descobrir quais são as doenças mais comuns, para onde o paciente é encaminhado e onde é tratado. Devemos começar fazendo uma análise epidemiológica.

Todos concordaram com meu ponto de vista; e lá fui falar com o secretário da saúde, o saudoso Dr. Eduardo Medrado[19]. Aqui vale um adendo sobre a história desse político: era um homem de visão incrível de futuro e desenvolvimento e, por incrível que pareça, salvo engano, com ideias socialistas.

Ele havia sido prefeito de uma cidade da Bahia, mas, por divergências políticas com o então governador Antônio Carlos Magalhães[20], resolveu deixar o Nordeste. Estabeleceu-se no Tocantins e construiu um sistema público socializado, trazendo um grande número de médicos cubanos para trabalhar na saúde da família – fato, no entanto, que tempos depois me gerou muita dor de cabeça.

Foi para esse colega que resolvi expor minha ideia de estudo do futuro centro cardiológico. Ele gostou muito da explanação e colocou a secretaria à disposição, para eu proceder como julgasse ser melhor. Contei com o total apoio da equipe dele para visitar vários municípios e, assim, elaborar o levantamento epidemiológico.

De posse dos resultados, cheguei à conclusão de que o melhor local para iniciar o serviço não era na capital, Palmas, mas, sim, em Araguaína. Um dos fatores mais relevantes para esse pensamento foi ter visitado na cidade o Hospital Dom Orione, gerido pela Pequena Obra da Divina Providência[21] (fundada pelo apóstolo da caridade São Luís Orione, canonizado em 2004).

---

[19] Dr. Eduardo Medrado foi secretário da saúde do Tocantins nos períodos de 1989 a 1990 e de 1995 a 2002. Ele presidiu o Conselho das Secretarias Municipais de Saúde do Estado do Tocantins (Cosems-TO) e faleceu em 2016.

[20] Político influente na Bahia e no cenário nacional, faleceu em 2007.

[21] A Pequena Obra da Divina Providência, com visão missionária, levava consigo o lema "Para evangelizar é preciso curar o corpo". Sob esse prisma e vendo a necessidade local, em 1952 deu início aos atendimentos de saúde, base do que seria o Hospital Dom Orione.

O diretor-geral era o padre Ademar José dos Santos[22], dono de uma cultura fantástica e visão incrível, que me levou para visitar a estrutura, junto com o secretário e outras pessoas. O hospital dispunha de área pronta para UTI – isso me fez pensar que ali estava o espírito de Eurípedes Barsanulfo atuando, tenho certeza. Em frente, havia um centro cirúrgico; e ao lado, uma enfermaria muito bonita, com 20 ou 30 apartamentos (todos fechados).

O meu entusiasmo foi instantâneo!

– Padre, tenho uma notícia para o senhor: aqui vamos montar o primeiro serviço de cirurgia cardíaca, se o senhor concordar. – comuniquei.

– Dr. Henrique, se quiser, mando limpar tudo agora e deixo pronto para começar! – respondeu-me, empolgado.

E o trabalho começou! Contei com todo o apoio do Dr. Eduardo Medrado, sempre disposto a me atender. Há quem questionasse essa nossa relação, mas eu sempre fui fiel ao meu trabalho, e isso me levou a receber a confiança de muitos, sempre.

Assim, pude fazer o trabalho mais sério possível. A secretaria comprou todos os materiais e equipamentos solicitados por mim. E eu, sempre moderado, não pedia nada além do necessário, não exigia coisas importadas ou caras. Trabalhei sempre dentro das mais rígidas normas de conduta.

Verdade é que ainda havia uma grande limitação para a realização do serviço especializado: o aparelho de hemodinâmica. Naquela época, a secretaria não podia doar o aparelho diretamente para o Dom Orione. Sabe o que foi feito? Uma doação para o Lar Espírita Emanuel. Olha o Eurípedes Barsanulfo me ajudando de novo!

Então, quando o hospital recebeu o aparelho, fez um contrato de uso comodato com a igreja católica. Certamente, as energias divinas de Dom Orione e de Barsanulfo estavam intercedendo em conjunto e orientando-me nas soluções dos problemas.

Foi ali que aconteceu a primeira cirurgia cardíaca do Tocantins e, reforço, com a proteção de São Luís Orione e Eurípedes

---

[22] Padre Ademar José dos Santos foi gestor do Hospital Dom Orione no período de março de 1995 a março de 2005. Ele teve a incumbência de transformar a Maternidade Dom Orione em Hospital e Maternidade Dom Orione.

Barsanulfo – que imagino ter ficado, a princípio, um pouco "enciumado" com minha ligação com a igreja católica, mas feliz pela obra social que eu ia realizar no plano terreno.

Foram muitas as batalhas enfrentadas para o negócio funcionar, pois as pessoas não acreditavam ser possível operar no "norte pobre" do Brasil, como era vista a região. Lembro que o primeiro prefeito de Palmas, Fenelon Barbosa, muito meu amigo, juntava pessoas necessitadas de operação cardíaca, acomodando-as em uma caminhonete coberta com lona, para que eu seguisse com elas para São Paulo. Providenciava o cateterismo e voltava com todos, a fim de realizar as cirurgias, demostrando ser possível, sim, operar em Araguaína.

Sempre comento com o prefeito Fenelon e seu filho (que também seguiu a carreira política), que ele teve grande participação na fundação do Instituto do Coração e, portanto, ajudou a salvar muitas vidas!

Como eu disse, não existe obstáculo que não possa ser ultrapassado com fé, trabalho, confiança e honestidade.

No Hospital Dom Orione, tive contato com homens fantásticos, reconhecidos pelo poder de liderança, com atuação competente na saúde pública e privada do novo estado. Falo do professor Dr. Arnaldo Alves Nunes[23], na época assessor do Dr. Eduardo Medrado, e de padre Ademar, excelente gestor, evangelizador, com uma excepcional dedicação às pessoas.

Eles não mediram esforços para fundar ali, em 2000, o primeiro serviço de cirurgia cardiovascular do Tocantins, passando a ser a primeira instituição do estado a realizar cirurgias cardiovasculares. Após isso, ainda veio uma empreitada extremamente difícil, o credenciamento do serviço no SUS, já que estávamos numa região com pacientes extremamente carentes.

Entre todas as ações para que isso se realizasse, eu precisava ter uma vistoria técnica de um membro designado pela Sociedade Brasileira de Cirurgia Cardiovascular (SBCCV). Como

---

23 Dr. Arnaldo Alves Nunes se tornou secretário interino da saúde no ano de 2011.

eu sempre fui muito ativo nessa sociedade, foi-me facultado consultar algum membro que pudesse realizar a análise.

Contatei o professor Dr. Luiz Paulo Rangel Gomes da Silva, como ele gosta de se anunciar, que já era o fundador do Hospital do Coração de Belém do Pará. Um cirurgião precioso, com quem eu convivi na residência em São Paulo. Eu já estava preparado para aguardar um bom tempo para que ele pudesse viajar para o Tocantins. Ledo engano.

Liguei para ele numa terça-feira, e ele me comunicou que iria suspender todas as suas atividades para fazer a inspeção no serviço, que viajaria na quinta-feira, mas teria um compromisso no sábado, por isso retornaria a Belém nesse dia. Para isso teria de fazer o trajeto de carro a Marabá, no Pará, onde poderia pegar um voo com destino à capital paraense.

Fiquei impressionado e muito agradecido. Naquela quinta-feira, ele chegou a Palmas, e seguimos para Araguaína de carro. Sexta-feira, realizou o trabalho com muita atenção. Sempre muito disposto, insistia que tinha de retornar no sábado e iria de carro até o aeroporto de Marabá, distante quase 500 quilômetros, com previsão de cinco horas e meia de viagem, inclusive com passagem de balsa para atravessar o Rio Araguaia.

O padre disponibilizou um carro para levá-lo a Marabá. Saiu com cerca de sete horas de antecedência para chegar a tempo. Mas, coisas do destino, o automóvel que o levava sofreu uma pane. Ele não teve dúvida, arrumou, naquela pequena cidade do interior, alguém de quem pudesse alugar um carro para levá-lo ao aeroporto.

O dono do carro topou:

— Vamos! — falou, dirigindo-se para o volante do veículo.

Foi quando Dr. Luiz Paulo avisou:

— Amigo, você não está entendendo, eu é que vou dirigir! — Ele já estava atrasado para o voo.

O dono do carro topou e quase morreu na viagem, pois Dr. Luiz Paulo dirigiu na velocidade máxima, fazendo-o suar frio e pensar: "Ah, se arrependimento matasse!"

Entretanto, tudo deu certo, e Dr. Luiz Paulo conseguiu embarcar no avião já pronto para decolar. Então, eu fiquei pensando, o que faz um homem fazer tudo isso, com enorme sacrifício, negando-se até a receber o reembolso do valor da locação do carro? Aprovar um serviço, que até certo ponto poderia competir com o seu trabalho, atraindo os pacientes do Sul do Pará? A resposta é simples. Não é um homem comum! É um profissional generoso, que pensa na medicina e na cirurgia cardiovascular como prestação de serviço às pessoas que dele precisam.

Desde nosso convívio em São Paulo, já tinha por ele uma grande admiração profissional e pessoal. Por tudo isso, ficaram sacramentados os sentimentos de fraternidade e consequente gratidão a ele e à sua família, que se tornou parte da minha também, "minha cunhada" Dr.ª Fátima e os "meus sobrinhos" Dr.ª Paula, Dr.ª Carolina e Dr. Alexandre. É o que sinto!

Em dezembro do mesmo ano, o hospital foi credenciado pelo Ministério da Saúde, possibilitando o atendimento por meio do SUS. A primeira cirurgia cardíaca foi realizada no início de 2001. Não pense que foi fácil montar uma equipe para fazer tudo isso funcionar da melhor forma. Isso porque cirurgiões de cidades maiores e mais estruturadas sentiam imensa dificuldade em se estabelecer por lá. Assim, pelo Dom Orione, passaram 18 cirurgiões. Um achava que a cidade não tinha teatro, portanto, não queria ficar; outros, que não tinha equipamentos sociais.

Eu cheguei a ter um assistente muito culto e de família rica que não deixava transparecer a insatisfação, mas um dia me confidenciou que foi ao psiquiatra, a fim de obter suporte para enfrentar o desafio. Ele ficou vários anos trabalhando lá, até o dia que me falou:

– Doutor, eu não posso morar em um lugar onde se abre um limão e sai alguém de dentro cantando e dançando forró.

Ri muito, pois ele tinha ido ao show do grupo Limão com Mel, que eu, aliás, gosto muito.

Muitos iam embora achando que seriam mais felizes em outro lugar; e eu permanecia.

Para tanto, foi fundamental contar com o apoio da minha equipe de Bauru; um ia e ficava 15 dias, depois ia outro... a meta era demonstrar que aquilo era viável. Dessa forma, todos deram uma contribuição imensurável ao estado – e a mim.

Para que isso tenha ocorrido, diversos cirurgiões cardiovasculares tiveram atuação exemplar, com dedicação e competência, aos quais presto homenagem em nome daqueles que estão atualmente nesse serviço.

Destaco o doutor Sandro O. Sacre, cardiologista intervencionista, e os doutores Lucas Carvalho Durães Pena, José Darwin Rivera Rodriguez, Milton de Miranda Santoro, Paulo Henrique Paredes Paulista, Gualberto Salomon Rojas e Maria Alejandra Rivero Garcia.

Com o sucesso do projeto hospitalar, em 2002 o governador Siqueira Campos, com quem eu mantinha uma relação muito boa, de respeito mútuo, foi fazer um comício em Araguaína. Participou do evento o pai do presidente da assembleia legislativa, Marcelo de Carvalho Miranda[24], que provavelmente seria o candidato a governador nas próximas eleições. Também estava presente o Dr. Edmar Brito Miranda, secretário de infraestrutura na época, um sujeito muito culto, realizador de grande trabalho.

Nesse dia, um dos participantes da comitiva passou mal, e eu o atendi como médico. Foi nessa ocasião que começaram a me "cutucar", querendo minha opinião sobre a saúde pública tocantinense. Não me fiz de rogado e francamente expus a necessidade de melhorar o sistema, defendo a importância de ampliação. A conversa parou por aí, mas, para minha surpresa, passados alguns meses, recebi uma ligação do Dr. Brito Miranda:

– O governador Siqueira Campos quer lhe fazer um convite. A proposta é implantar aquelas ideias que nós conversamos anteriormente. – contou-me.

Foi quando o próprio governador tomou o telefone e me disse:

– Quero convidar o senhor para ser secretário estadual da saúde. – pronunciou, já confidenciando que tiraria um secretário que estava na pasta havia bastante tempo, e isso poderia causar turbulência.

---

[24] Marcelo Miranda foi governador do Tocantins em três mandatos: 2003-2007; 2007-2009 (reeleito); e 2015-2018.

A vida me ensinou

Então, ele precisava de um nome de peso para substituí-lo. Essa pessoa que sairia era o Medrado. O nome de peso era o meu!

Sem convicção de qual seria a melhor atitude naquele momento da minha vida, negociamos a proposta até bem tarde da noite. Em casa, expus para a família a situação. Minha esposa na época não se animou com a possibilidade de mudança de cidade, mas deu seu apoio a qualquer decisão que eu tomasse.

Fato é que nunca havia pensado nisso. Apesar de ter trânsito político ativo e ter sido homenageado como cidadão de Bauru (recebi a honraria na câmara dos vereadores, tornando-me um cidadão bauruense, o que muito me orgulha), jamais pensei seriamente em me tornar um político. Nos 25 anos que morei em Bauru, como pioneiro da cirurgia cardíaca, por diversas vezes recebi convite para me candidatar, mas nunca aceitei, preferindo estar focado na cirurgia cardiovascular.

Passava da meia-noite quando finalmente resolvi aceitar o convite e comunicar minha decisão ao governador.

— Então, vou mandar um avião buscar o senhor agora, porque preciso anunciar a novidade amanhã cedo. — falou Siqueira Campos.

De pronto avisei ser impossível viajar naquele momento, tinha compromissos assumidos e só poderia ir no domingo. Minha família topou viajar, e no dia marcado embarcamos no avião pilotado por um profissional chamado MacGyver! Jamais me esquecerei desse dia. Quando chegamos a Palmas, tinha uma recepção nos aguardando, e assumi meu posto. Isso foi em 2002.

Como disse antes, minha esposa não estava muito animada para fincar raízes na capital tocantinense. Então, combinamos um revezamento: ela iria para lá em um final de semana, eu viajaria para Bauru no outro. Infelizmente, a prática não se mostrou muito satisfatória. Tudo foi ficando difícil, e acabamos nos separando por essa e por outras razões também.

Após esse fato, em 2003, eu fui convidado para assumir o mesmo cargo, agora no governo de Marcelo Carvalho de Miranda, e resolvi mudar de vez para o Tocantins. Eu acreditava no crescimento do estado, em seu projeto de desenvolvimento, por isso deixar Bauru não pesou tanto.

O lado profissional estava bem resolvido, mas preciso confessar que foi um momento de dor emocional.

Eu era extremamente ligado à minha família, gostava de estar casado. Havia madrugadas em que chorava sozinho no banheiro, sendo que às oito horas da manhã precisava estar na secretaria com sorriso no rosto, como se nada tivesse acontecido.

Por sorte, eu tinha convidado um dos diretores do Cardiovida, o professor Dr. Cezar G. Touza, para ser o gestor financeiro da secretaria e podia contar com seu apoio muito sincero e honesto. Não foi fácil superar a saudade da família, mas consegui. E não me arrependo das escolhas.

Fiz um trabalho importante na secretaria, mas reconheço que a minha ideia de trabalhar com pessoas de bem, com médicos cuja experiência contribuiria para a saúde geral, não se mostrou forte o suficiente. Isso porque o esquema político instalado naquela época não permitia avançar nos projetos. E os embates com a assembleia legislativa e com partidos de oposição proporcionaram grandes decepções para mim.

Não desisti por causa da minha resiliência. Fiquei no governo Siqueira Campos trabalhando no sentido de inaugurar o hospital geral de Palmas. A obra tinha contrapartida federal, e o secretário anterior, por questões de prioridade, não tinha batido firme para terminá-la. Só que esse não era meu perfil.

Perseverante, fui até o governador e batalhei para finalizar o projeto. Ele topou apoiar e investiu cerca de 33 milhões de reais na época. Assim, com 33 mil metros quadrados, o projeto assinado por Jarbas Karma (o mesmo do Hospital Albert Einstein em São Paulo), com andares intermediários em um prédio lindíssimo, foi inaugurado em 2003 (essa foi a primeira, pois, como outras obras públicas, às vezes ocorrem várias inaugurações).

Alguns meses depois de ter saído da secretaria, aconteceram mais duas ou três cerimônias – mas isso faz parte do panorama político. O que sei muito bem é sobre todos os percalços superados para ter essa obra pronta.

Lembro perfeitamente bem, lá no início da minha gestão na secretaria, quando fui visitar o hospital estadual na quadra 51

A vida me ensinou

pela primeira vez e descobri que havia várias fossas sépticas para receber o esgoto. Precisei contratar um caminhão para limpar tudo, diariamente. Afinal, como fazer cirurgia num lugar assim?

O meu descontentamento também estava visível na primeira vez que entrei no prédio e vi a sala de urgência e emergência. Devia ter uns 30 ou 40 pacientes em um mesmo ambiente, contando com apenas um banheiro pequenino tanto para homem quanto para mulher. Faltava ar-condicionado, e a temperatura na cidade se aproximava de 40 graus.

Era só aquilo que o Estado podia oferecer na época? Não me conformei! Chamei um dos assessores da secretaria e mandei instalar o ar-condicionado urgentemente. E fui embora para São Paulo por causa de uma reunião.

Quando voltei, fui checar a execução da ordem, e nada havia sido feito. Na minha cabeça, aquilo era inadmissível. Fui direto para a secretaria. Chamei todos os diretores e a equipe de manutenção no gabinete.

Eu questionei:

— Não pedi para instalarem o aparelho?

— Ah, doutor, o senhor é de São Paulo, não é acostumado com o calor. O povo daqui é. — Brincou um deles.

— Acostumado é quem está saudável igual a você! Imagine um doente com diarreia, vomitando… de hoje em diante, tudo o que eu pedir para fazer nos hospitais da secretaria é para cumprir imediatamente. Tirem o aparelho daqui do gabinete e levem para lá. E quero que o pessoal da comunicação faça uma plaquinha e coloque no espaço desocupado com os dizeres: "Este ar-condicionado foi retirado para ser instalado na sala de emergência do hospital".

Vi muitas caras fechadas, mas também ouvi vozes dizendo "a gente vai providenciar".

— Não, vocês não entenderam! É para fazer isso agora. — avisei enfático. Assustado, o pessoal providenciou a mudança. Eu quis mostrar com isso que o doente deve ser sempre o nosso objetivo.

A situação é difícil? Sim, mas nós temos que ultrapassar os obstáculos.

Manter pulso firme também me ajudou a superar outro problema grave da época. Como citei anteriormente, o Tocantins tinha muitos médicos cubanos atuando sem registro no Conselho Regional de Medicina (CRM) – isso em 2003 –, fato gerador de muitos conflitos com os profissionais brasileiros.

Lembro bem: se um cubano fazia um atestado lá no interior do estado, era denunciado por alguém por carimbar no documento Secretaria do Estado da Saúde. Quem era processado? O secretário – no caso, eu. Na época, creio que tive onze ou doze processos no CRM.

Quando eu assumi, em janeiro de 2003, havia por volta de 176 médicos cubanos na ativa. Para tentar resolver esse embate, não renovei o contrato de nenhum deles. Decidi que, à medida que a contratação vencesse, seriam obrigados a regressar para Cuba. Apesar dos problemas, eu tinha consciência da impossibilidade de tirar os médicos de uma só vez de todas as cidades.

Ao final desse longo período, fui absolvido em todos os processos, mas tudo foi muito desgastante. Acho que, até certo ponto, o próprio órgão reconheceu que eu não tive culpa, pois, quando assumi, tal situação já estava implantada. Enfim, essas coisas fazem parte da gestão política.

Um grande ensinamento da vida política é que suas intenções e seu querer não ajudam muito. Para se eleger, é preciso ter muito dinheiro. E esse dinheiro na maioria das vezes vem de acordos inadequados. Por isso, eu não me elegi deputado federal ou vereador, quando concorri.

Contudo, acredito ter realizado um bom trabalho no serviço público e, no momento adequado, saí do governo e persisti nas minhas atividades particulares. Montei consultório em Palmas e comecei a atender pacientes na capital e em Araguaína, coordenando os dois locais.

Até que surgiu o concurso para docente da UFT. Eu tinha conhecimento de certa resistência da área de cirurgia cardíaca para a minha entrada. Então, prestei concurso para cirurgia geral, uma vez que contava com formação na área. Na prova, caiu uma questão sobre cirurgia bariátrica que me complicou, e eu não passei.

Abriram outro concurso, para cardiologia clínica. Dessa vez prestei e passei em primeiro lugar. Quando fui tomar posse, os meus opositores mandaram um documento para a universidade informando que eu era especialista somente em cirurgia cardíaca. Portanto, não poderia assumir a vaga.

Já comentei sobre essa passagem da minha vida, mas volto a afirmar que é preciso lutar com todas as forças e competências para realizar aquilo que se deseja, sem se deixar abater pelos inimigos.

> *Você pode e deve demonstrar, se estiver sendo sincero e tiver percorrido todas as etapas da vida corretamente, a sua capacidade de realizar (com dedicação) qualquer tarefa.*

Eu comprovei minha titulação de especialista por concurso em cardiologia clínica e em cirurgia cardiovascular, em terapia intensiva e em medicina do trabalho, tendo também um MBA em gestão de saúde. Apresentei toda a documentação, não dei chance de contestarem a verdade. Assim, eu virei professor. E isso já tem mais de 10 anos.

Olhar para tudo isso do passado me faz ver que aquelas pessoas que me obstruíram se tornaram parceiros no presente. Hoje, ministro aulas abordando embriologia cardiovascular, farmacologia cardiovascular, cardiologia clínica, cirurgia cardíaca. E sou muito realizado como professor.

Na universidade, também comecei a organizar os cursos de parada cardíaca ACLS e BLS. Depois, eu deixei para lá, porque era meu filho, Fabrício, quem me ajudava nisso. E eu sabia que poderia ouvir que praticava nepotismo.

Como minha preocupação é com a melhor preparação dos alunos, montei um centro de simulação na universidade para que eles pudessem estudar gratuitamente pelo menos BLS. No entanto, há alguns anos, fui surpreendido com alguns processos, ainda do tempo da secretaria, que me deixaram um pouco apreensivo. Por isso, acabei desistindo do centro de simulação e de alguns projetos de pesquisa.

Sei que a estrada nem sempre se apresenta em linha reta. Por vezes, há curvas, obstáculos... o importante é que a gente se mantenha firme e nunca desista de alcançar a linha de chegada. E eu cheguei.

O Tocantins me proporcionou – e continua a me proporcionar – momentos inesquecíveis, tanto no âmbito profissional quanto no pessoal.

Fonte: https://images.app.goo.gl/mzALYMtHqirxtWd36

Foi no Tocantins onde conheci minha atual esposa, Hagda, com quem me casei em 2018. Não me canso de dizer que é uma pessoa maravilhosa e que me faz muito feliz. Hoje, tenho uma vida tocantinense extremamente prazerosa. Recebi muito desse lindo estado, desse povo acolhedor e festeiro. E busquei retribuir levando capacitação.

Em 2020, comemoramos 21 anos do Instituto de Cirurgia Cardiovascular do Tocantins, com marco de cerca de cinco mil pacientes operados e aproximadamente 20 mil submetidos a cateterismo cardiovascular (ainda com aquele mesmo aparelho de hemodinâmica doado!). Em Palmas, já operamos em quatro hospitais e tornamo-nos referência em cardiologia. Isso é magnífico!

10

Evolução pelo conhecimento

A vida me ensinou... *sempre digo que nós médicos somos a elite cultural mais burra do mundo. Não sabemos falar nada além de temas médicos (opinião pessoal, na qual me incluo), mas precisamos abrir a mente para a tecnologia e saber que sempre poderemos ser surpreendidos.*

Compartilhei tal ensinamento durante a abertura da minha palestra no 13.º simpósio: *Mecanismos que contribuem para a falha cardíaca e doença cardíaca isquêmica*, realizado em setembro de 2019, na cidade de Vrnjacka Banja, na Sérvia. O seminário fez parte do programa da 6.ª Reunião da Seção Europeia e da 7.ª Reunião da Seção Norte-Americana, da Iacs, instituição da qual sou integrante – como já comentei, estou entre os 250 *fellows* no mundo, com muita honra.

No auditório, estavam os 100 cientistas da Europa, dos Estados Unidos e do Canadá para ouvir a minha conferência *Tratamento cirúrgico de válvulas: atualização*. Era, sem sombra de dúvida, uma das mais importantes apresentações da minha vida, por ser um dos três convidados da América Latina e América Central, junto com o professor Ricardo Gelpi, da Argentina, e a professora Antoinette Oliveira Blackman, do Brasil, para conferenciar.

Imagine eu começar, de certa forma, chamando a todos os presentes de elite cultural mais "burra" do mundo, porém, apenas no sentido de ter na medicina nosso assunto predileto. Não, não tinha enlouquecido. Estava apenas relatando a conclusão de muito estudo, avaliação e ponderação sobre a medicina.

Tudo começou quando recebi a convocação para o acontecimento. Em meio à satisfação, admito uma boa dose de insegurança.

Afinal, seriam 99 dos melhores conferencistas do mundo – e um caipira do Tocantins no meio deles. Pense como isso mexeu com a minha cabeça antes do grande dia.

Teria 20 minutos de explanação e 10 minutos de discussão... na Sérvia! Estou frito, pensei! Desistir? Jamais!

Estudei muito, com dedicação elevada à potência máxima. Preparei bem a minha aula e embarquei. Confesso ter aproveitado para fazer um tour, porque, depois do diagnóstico de câncer, valorizo muito mais cada minuto de existência.

No avião, na rota Brasil-Espanha, para me distrair, assisti ao vídeo de um camarada chamado Jeremy Rifkin, famoso por abordar tendências da ciência e da tecnologia e suas influências sobre a economia, a sociedade e o ambiente. Esse cara também escreveu alguns best-sellers, entre eles, *A Terceira Revolução Industrial*[25].

Aquele vídeo mexeu demais comigo. Analisei bastante a mensagem e resolvi mudar todo o conteúdo da apresentação. As palavras de Rifkin me fizeram perceber que estávamos perto de viver a quarta revolução, e nós, médicos, não estávamos nos dando conta do fato – isso sem nem se quer imaginar a pandemia de coronavírus! Eu me referia às mudanças proporcionadas pela tecnologia e, principalmente, ao ganho da medicina com o uso de inteligência artificial.

Hoje, é possível filmar qualquer coisa em tempo real, num ponto do mundo, e outras pessoas, em diferentes extremos, participar, como se todas estivessem lado a lado. Repare que a maior empresa de táxi é uma plataforma que conecta os motoristas aos usuários, favorecendo a mobilidade. Fotografias e vídeos são armazenados em um pequeno aparelho celular – isso fez com que grandes empresas do setor fotográfico praticamente desaparecessem. Empresas de telefonia fixa, idem.

> *Atualmente, a riqueza não é feita mais de bens materiais, o grande patrimônio é o conhecimento. Nós devemos nos aliar a esse fundamento e progredir na evolução.*

---

[25] RIFKIN, Jeremy. *A Terceira Revolução Industrial*. São Paulo: M. Books, 2012.

A vida me ensinou

Procurei mostrar como tudo está mudando muito rápido, e informação é essencial para acompanhar essas transformações. Há robôs em cirurgias, claro, mas fizemos isso isoladamente. Os médicos devem se associar a essa sabedoria e progredir na evolução. Tentei abordar tudo de forma irreverente, como faço em aula, sempre incluindo maneiras de descontrair temas densos.

Um dos exemplos citados por mim foi o de Mick Jagger, que, no início de 2019, passou por uma cirurgia de estenose aórtica aos 79 anos de idade. Nos Estados Unidos, essa técnica só era autorizada para quem tinha risco de morte. No Brasil, não é habilitada para ninguém, porque custa cerca de 30 mil dólares.

Três dias depois da operação, Jagger já estava caminhando no jardim, 60 dias depois, retomou a turnê com aquele pique habitual. Temos de enxergar esses novos instrumentos como ferramentas de evolução da medicina. E fazer com que isso seja bom. Trabalhar para isso acontecer em todos os lugares.

É caro? Não, porque o doente fica pouco tempo no hospital e não tem risco de infecção, então o custo se torna viável. Porém, o poder público ainda não enxergou o avanço, cabe aos médicos desenvolver essa proposta.

Lembro-me de já ressaltar os benefícios da tecnologia há bastante tempo. Há cerca de uma década, por exemplo, estive em um congresso em Munique, na Alemanha, da European Society of Cardiology (ESC). Fui convidado a visitar a Biotronik, empresa de tecnologia biomédica de Berlim.

Chegando lá, encontrei-me com cirurgiões de várias partes do mundo e com a equipe de pesquisa da fábrica, ansiosa por ouvir opiniões sobre marca-passo. Pontuei a necessidade de o dispositivo dispensar os eletrodos (fios), em minha opinião, um pouco agressivos. Achava que poderíamos evoluir nesse aspecto. Sabe o que ouvi? Um projeto já estava a caminho! Pois é! Continuei:

— Estou falando de se colocar um satélite para controlar a frequência cardíaca de todas as pessoas do mundo, funcionando por Wi-Fi. Esse satélite mandaria uma informação por meio da Biotronik Science, a fim de estimular os 60 batimentos cardíacos por minuto das pessoas. Caso necessário, seria emitida uma onda de energia, para atingir essa frequência mínima ideal para o coração.

Todos me olharam com aquela pergunta em mente: será que ele bebeu para falar essas coisas? Pois, sim! Hoje, temos um marca-passo 93% menor do que os tradicionais, do tamanho de uma drágea de vitamina oral, implantado no coração de forma muito menos invasiva e com resultados maravilhosos.

Na época, também pensava nos desfibriladores presentes nas UTI para estímulo do coração. Quando retornei dessa viagem, iniciei pesquisas sobre a energia dos raios da natureza capaz de matar pessoas. Eu ponderava: se essa força pode fibrilar o coração, então posso estimulá-lo com esse tipo de onda e, quem sabe, até fazer uma desfibrilação automática.

A ideia veio do ocorrido com um amigo, um dos melhores cirurgiões de São José do Rio Preto, herdeiro das fazendas do pai no Mato Grosso. Determinado dia, enquanto ele vacinava o gado, ao levantar a seringa, caiu um raio que o matou, bem como a todos os animais. O único sobrevivente foi um peão. Por coincidência, o homem tinha pulado para pegar uma bezerra e, quando o raio caiu, ele estava em pleno ar.

Então, imagino e sonho que poderemos no futuro monitorar a frequência cardíaca de todos os habitantes da Terra. E, quando alguém apresentá-la muito baixa, será possível emitir uma onda, como um raio, que possa fazer o coração ficar com as batidas em frequência fisiológica. Sei que isso só será possível quando não tivermos políticos ou outros malucos que queiram fazer uso disso para dominar as pessoas.

Dessa passagem é possível pensar em duas hipóteses: usar as forças a nosso favor ou aceitar que as pessoas só morrem quando isso já está previsto. De qual lado você fica?

O sucesso da minha apresentação foi enorme e rendeu inúmeros convites para repetir a conferência, assim como para os professores das universidades de Belgrado e de Tóquio, no Congresso Mundial de Cardiologia de Lisboa e no da Iacs, em Montreal.

Lógico, foi lisonjeador, mas não pude aceitá-los, senão não conseguiria trabalhar, atender meus pacientes, mas deu uma vontade danada de dizer sim a todos. Além do mais, em virtude da pandemia de Covid-19, vários congressos foram adiados.

As inúmeras propostas tiveram repercussão no Brasil também. Quando retornei, houve novos pedidos, como o de um colega de Belém do Pará, para eu ser palestrante no Congresso de Cardiologia Norte e Nordeste, que aceitei – e outros que precisei negar. Esse reconhecimento e, por que não dizer, sucesso profissional são motivo de grande orgulho para mim.

Recebo com honra e gratidão todos os momentos em que me é permitido tratar de um paciente ou expor minhas ideias, experiências e propostas a um público profissional seleto ou aos meus alunos, que se preparam para fazer parte de um futuro cada vez mais desafiador – porém, contando com ferramentas modernas e muita informação para praticar a medicina com efetividade.

Isso me faz pensar: quando comecei a escrever este livro, logo no início chamei a atenção para o fato de, com o câncer, ter descoberto que a vida tem um cronômetro ligado e de não saber por quanto tempo mais ele vai funcionar. Então, é preciso ter prioridades que façam o próximo minuto valer muito a pena. Hoje, sei que a pandemia do coronavírus fez essa certeza ganhar dimensão ímpar.

Dezembro de 2019...
"Adeus, ano velho! Feliz ano novo!
Que tudo se realize no ano que vai nascer;
muito dinheiro no bolso, saúde..."

2020 chegando… minha esposa Hagda e eu estávamos muito felizes no réveillon, em companhia da minha filha Priscilla e das minhas duas netinhas, Rafaella e Isabella, em Bauru. Cantamos com alegria essa música tradicional, comemoramos com champanhe, sem imaginar como seria um ano dificílimo para todos.

Em janeiro, recebemos a visita, em nossa casa, no Tocantins, do meu filho Marcelo, da sua esposa Beatriz e das minhas netinhas Julia e Melissa. Foi uma satisfação muito grande, vivemos novamente momentos muito prazerosos.

"Em fevereiro tem carnaval...", já cantava Jorge Ben Jor, e no de 2020, além da festa, começaram a surgir notícias preocupantes sobre o início de uma infecção por um vírus novo, proveniente da China, o Sars-CoV-2, ou coronavírus, causador da doença Covid-19.

Na verdade, a infecção no país asiático começou no final do ano anterior, em novembro. Logo, o que parecia uma virose simples, tipo H1N1, começou a tomar proporções importantes. As notícias eram muito variáveis, algumas *fake news*, mas faltava comunicar ao mundo a gravidade do problema.

Na época, algumas pessoas acreditavam que o vírus tivesse sido produzido em laboratório por diversas razões. Talvez os cientistas chineses tentassem elaborar um modelo de tratamento de infecções pulmonares virais em animais. A verdade é que o agente viral escapou e iniciou a contaminação dos humanos. Esse processo começou a ser muito rápido, pois o agente se mostrou bastante letal, podendo levar muita gente à morte.

Inicialmente, pensamos tratar-se de uma nova gripe. Porém, logo percebemos não ser o caso. Milhares de pessoas viajaram nessa época para os Estados Unidos, para a Espanha, para a Itália, entre outros países, fazendo com que o vírus se alastrasse com características muito particulares.

Os sintomas eram imprevisíveis. A doença levava à infecção de diversos órgãos, afetando especialmente pulmões, produzindo em cinco a sete dias uma infecção que formava na tomografia uma imagem chamada de vidro fosco. Os doentes passavam a ter uma oxigenação muito ruim. Precisavam de internação em UTI, com intubação traqueal durante 20 a 30 dias, e parte deles ia a óbito.

O fato começou a tomar proporções de epidemia. Os países passaram a alertar os moradores sobre a necessidade da adoção de cuidados especiais, como utilização de máscaras de proteção, distanciamento social e adiamento de viagens, entre outras ações. A partir do mês de março, essa situação foi agravando-se... agravando-se e provocando uma contaminação em massa. Isso fez a Organização Mundial da Saúde (OMS) decretar pandemia mundial de extrema gravidade.

A vida me ensinou

Como o vírus não era conhecido clinicamente nem respondia a tratamentos convencionais, vários tipos de condutas terapêuticas foram adotados. A doença não escolhia pessoas. As crianças tinham um pouco mais de defesa, é verdade, mas a partir da puberdade todos estavam suscetíveis. E também não respeitava classe social: contaminou de presidentes de nações a moradores de rua; pessoas de classe baixa, média, alta.

O que acompanhávamos mundo afora também aconteceu no Brasil, com os agravantes de a doença se manifestar em um momento político nacional delicado e de o nosso SUS não estar preparado para acolher pacientes tão graves e tantos ao mesmo tempo.

Na época, o então ministro da saúde, Luiz Henrique Mandetta, em conjunto com sua equipe e com membros das secretarias de saúde estaduais, avaliou que, se todos os pacientes se dirigissem para a rede de saúde pública, não haveria condições de acolhimento. Sendo assim, a orientação era "não procure as unidades de saúde" e "só faça isso se tiver muita tosse, febre e, principalmente, falta de ar". Hoje, vemos isso como um erro que levou muitas pessoas à morte – evidentemente, não de forma intencional.

O SUS brasileiro é um exemplo mundial por oferecer atendimento a toda a população. Foi criado pela Constituição federal brasileira de 1988, para que todos os brasileiros, desde o nascimento, tenham direito aos serviços de saúde gratuitos. Isso vale para pessoas de qualquer classe social. Porém, muitas vezes, quem mais acessa o programa é oriunda de classes mais favorecidas, que conhecem os gestores do setor.

Digo isso porque nós não tínhamos, por exemplo, número de leitos de UTI em quantidade suficiente para acolher a população mais necessitada. Cerca de 70% desses leitos estavam na rede privada, para atender 30% da população. Por outro lado, ao redor de 30% dos leitos estavam na rede pública, para atender cerca de 70% da nossa população.

Além desse problema, houve a polêmica em torno de medicamentos. A maior delas dizia respeito à hidroxicloroquina, droga utilizada na África para tratar malária, bem como no Brasil.

Ela foi experimentada contra a Covid-19 por vários colegas que encontraram resultados bons, porém, discutíveis.

O Ministério da Saúde, então comandando pelo médico Henrique Mandetta, não aceitava o uso, sem contar o receio de que laboratórios, em função do valor do remédio, fizessem pressão para que o tratamento fosse realizado com outros medicamentos.

A ivermectina, vermífugo também bastante consumido no nosso país, foi citada como um fármaco capaz de evitar o desenvolvimento da doença, fazendo o remédio sumir das farmácias, pois as pessoas passaram a tomá-lo indiscriminadamente. Nos dois exemplos citados, os efeitos não foram comprovados por estudos científicos.

Dessa forma caminhamos, com a doença evoluindo e chegando a números inacreditáveis.

O quadro era mais ou menos assim: de cada 100 pessoas que adquiriam o coronavírus, 80% não tinham sintomas complicados e se curavam espontaneamente, e 20% tinham sintomas curáveis com internação hospitalar e uso de oxigênio. Destas, grande parte precisava ir para a UTI em situação grave, ficando 20, 30 dias respirando com auxílio de respiradores, e por volta de 1,2% a 2% iam a óbito.

Isso foi criando uma situação de caos; e o governo federal agiu prontamente, liberando recursos para a construção de hospitais de campanha, a fim de receber a população. Aí, começou a se escrever aquela velha história conhecida não só no Brasil, mas também no mundo. Alguns governantes desonestos recebiam milhões de reais para edificar esses centros de atendimento e comprar equipamentos, como os tão necessários respiradores.

Enquanto, por exemplo, em Minas Gerais o governador pagava 50 mil reais por um aparelho, outros, como denunciado amplamente pela imprensa, pagavam 200, 350 mil reais ou adquiriam equipamentos sem condição daquele atendimento específico. Enfim, houve enorme desperdício de recurso público, enquanto a população brasileira agoniava.

As mortes foram se avolumando. Passamos a ter mil, dois mil, três mil, quatro mil mortes no Brasil, número que entrou em uma escalada vertiginosa: no início de dezembro de 2020, atingimos a triste marca de 179 mil falecimentos decorrentes da Covid-19.

Esse número pode parecer pouco, quando pensamos em uma população de 209 milhões de habitantes, mas é muito! Cada um deles representa o pai, a mãe, o filho, a avó de alguém.

A população médica e de assistência à saúde, como fisioterapeutas, auxiliares de enfermagem, enfermeiros, intensivistas e médicos em geral, também começou a contrair a doença com muita gravidade. E muitos morreram.

O caos foi se alastrando, deixando a todos desesperados.

Até que começamos a entender melhor a doença e percebemos que o grande segredo estava no tratamento precoce. Tudo resolvido? Imagine! A dificuldade do diagnóstico era imensa. Não tínhamos exames. Os resultados demoravam muito. A população chegava às unidades de saúde e não tinha como ser examinada, para certificação da presença ou não do vírus. Isso criou mais um desafio a ser vencido.

Vários laboratórios farmacêuticos de todo o mundo corriam contra o tempo, como Pfizer e BioNTech, Johnson, Sinovac, AstraZeneca em parceria com a Universidade de Oxford, para produzir uma vacina. Mas sabemos que o desenvolvimento desse tipo de imunização necessita de muitos cuidados científicos – e isso demanda tempo.

Enquanto isso, pessoas jovens e trabalhadoras estavam morrendo. A dificuldade de comunicação entre as esferas nacional, estadual e municipal e de definição sobre qual seria o tratamento mais adequado fez a situação piorar. Chegamos ao final de dezembro de 2020 com 6.781.799 casos registrados e 178.765 vidas perdidas.

Significava que, em teóricas 179 mil mesas de almoço, existia uma cadeira vazia, representando a perda de um ente querido. Ela estava fazendo um estrago alucinante. No mundo, nesse mesmo dezembro de 2020, o total de pacientes contaminados chegara a 71.226.341, com 1.597.843 mortes em mais de 188 países.

Governantes, infectologistas, doutores da medicina preventiva diziam assim: evitem ao máximo sair de casa, mantenham distanciamento de pelo menos 1,5 metros de cada pessoa, lavem bem as mãos, usem álcool gel, usem máscara de proteção todo o tempo e não fiquem em aglomeração. A sensação foi de que estávamos fadados a uma prisão residencial.

Chegamos a tais números incríveis, mesmo com o mundo decretando *lockdown* por longos períodos na tentativa de conter a disseminação do coronavírus. Quem imaginaria fechar todo o comércio e estabelecimentos não essenciais, proibindo as pessoas de irem às ruas? Foi assim na nossa cidade tanto quanto em muitas outras do planeta.

Na época, permaneceram em funcionamento somente farmácias, ambulatórios, supermercados, hospitais, postos de combustível. Foram proibidas as viagens. Os Estados Unidos vetaram a entrada no país de qualquer pessoa proveniente da China, da Itália, de diversos países, ação adotada por muitas outras nações.

As companhias aéreas entraram em uma grande crise econômica, iniciando um processo já sentido pelo povo. Frotas inteiras de aviões paradas no solo, sem poder voar, com compromissos financeiros sem condições de serem honrados.

Não eram somente as companhias aéreas sofrendo as consequências da pandemia. Imagine para o cidadão comum ou o pequeno comerciante manter as portas fechadas de sua lojinha de bairro – de venda de calçados, por exemplo – de março a novembro (período de duração da chamada quarentena na maior parte dos estados no Brasil)?! Como pagar os funcionários? Como quitar os impostos? Como pagar o estoque adquirido e os custos fixos, como luz?

O governo brasileiro novamente adotou medidas de socorro, como postergar o pagamento dos tributos – quer dizer, em determinado momento isso terá de ser pago. A indústria automobilística diminuiu a produção, muitos trabalhadores foram demitidos em todos os setores produtivos, outros passaram a trabalhar em sistema *home office* – algo até então pouco adotado pelas empresas de variados portes.

O Conselho Federal de Medicina sabiamente se antecipou e, juntamente com os conselhos regionais, autorizou a

A vida me ensinou

realização de teleconsultas. Isso porque os pacientes portadores de doenças graves tinham medo de procurar o hospital. Um doente com angina, por exemplo, mesmo em situação grave, sentindo dor, não saía de casa para procurar atendimento por medo de pegar Covid-19.

Uma consequência disso? Aumentou enormemente o número de mortes súbitas nas residências decorrentes de outras doenças que deixaram de ser tratadas.

Outro transtorno teve relação com os serviços de estatística, principalmente dos países em desenvolvimento, que não tinham estrutura para informar corretamente dados sobre as causas reais das mortes. Isso foi delineando um caos maior a cada dia.

E o sofrimento emocional? Meu e de todos. Eu não podia visitar meu pai, de 91 anos de idade, em Minas Gerais, tampouco meus filhos, noras e netos. Não podia mais viajar. Não podia assistir a um show de música ou a um evento de arte.

Era como se, do dia para a noite, depois daquele "Feliz ano novo, que tudo se realize no ano que vai nascer…", só houvesse perdas. Não era mais possível fazer uma viagem como antes. Em outros tempos, se fosse acontecer um congresso magnífico na Inglaterra ou nos Estados Unidos, bastava marcar a viagem e partir em busca de atualização! Não mais.

A sensação era de… acabou, perda total!

Perdemos nossas liberdades, a execução de nossas vontades, nossos trabalhos, nosso direito de ir à escola.

Os estudantes da nossa UFT ficaram sem aulas até outubro de 2020. Certamente esse ano letivo foi perdido do ponto de vista deles… tristeza total, pois o aluno, ansioso para se formar, teve de postergar mais um ano para receber o diploma.

Privados até de sentir satisfação de sair com a família e amigos para comer uma pizza, parecia que havíamos perdido a possibilidade de tudo… porém, algo permaneceu: Deus. Nosso credo, nossa espiritualidade, nossa energia religiosa. Nossa fé nos moveu no sentido de aguardar que essa pandemia passasse e de crer em uma vacina ou, até mais, em uma realmente eficiente.

Quem não sonhou com o dia em que poderia resgatar e reconstruir a própria vida? Sim, porque a que conhecíamos até aquele início de 2020 mudou para sempre. O comércio on-line explodiu, o trabalho a distância foi assimilado, o ensino on-line foi praticado largamente. O que ficou foi a certeza de que, com a nossa fé e a nossa espiritualidade, podemos enfrentar melhor as adversidades, inclusive as provocadas por uma pandemia.

Baseado nessa convicção muito forte em minha vida, relatarei uma experiência pessoal. No dia 1.º de junho de 2020, decidi fazer o exame RT-PCR, considerado padrão-ouro, cuja coleta de material é feita com *swabs* no nariz – para saber se poderia visitar meu pai. Queria descobrir se eu já tinha anticorpos contra esse coronavírus. Para minha surpresa, o resultado mostrou contaminação.

Foi um momento tenso. Só que eu era mais um, entre tantos brasileiros contaminados, que não apresentava sintomas, os chamados "assintomáticos". Então, permaneci 14 dias em quarentena, isolado num quarto, usando banheiro privativo e talheres individuais. Tomei alguns remédios receitados pelos médicos e passei bem.

No entanto, descobri três meses depois que o resultado foi um falso positivo. O exame estava errado. Digo isso porque, no início de setembro, sentindo dores musculares e alguns outros sintomas, fui fazer um check-up. De posse de um dos resultados, um colega da radiologia me ligou e falou:

– Dr. Henrique, é melhor o senhor vir fazer uma tomografia de pulmão, pois há imagens radiológicas de contaminação pulmonar pelo novo vírus.

Nossa, foi um susto! No dia seguinte, fiz a tomografia e descobri que 25% do pulmão estava infectado, com as imagens mostrando um quadro gravíssimo de processo inflamatório. Procurei o infectologista e lá fui eu para mais 14, 15 dias de isolamento.

Na época, a minha esposa também testou positivo, mas sem lesões pulmonares importantes. O meu infectologista concluiu que em junho foi um falso positivo.

Evidentemente, a minha tensão foi muito grande, pois sou portador de diversos fatores de risco: idade, neoplasia, hipertensão, alteração de colesterol, além de locais de trabalho

A vida me ensinou

(hospitais, consultórios, salas de cirurgia) onde a exposição é muito grande. Então, a possibilidade de que eu desenvolvesse uma doença grave existia.

No entanto, de novo, estava bem, com poucos sintomas. Mas no nono dia, como está descrito na literatura, acordei de madrugada com febre alta, tremores, muita dor muscular e de cabeça. O meu estado piorou com a baixa saturação de oxigênio (que, em condições normais, deve ser acima de 94, 95, 97), caindo para 94, 92, 90 – chegou a 88. Nesses momentos, além de falta de ar e indisposição, tinha uma forte cefaleia, provavelmente por hipóxia cerebral, baixa de oxigênio.

Mesmo assim, não fui internado e nunca tive a minha fé abalada por nada. Ficava em casa pedindo a Nossa Senhora Aparecida, de quem sou devoto, a São Luís Orione, ao Menino Jesus, ao espiritualista Eurípedes Barsanulfo para intercederem junto ao Pai, de modo a ter a minha doença curada.

Não houve medo, não houve pânico. Quatro dias depois, comecei a fazer fisioterapia. E, graças a essa intercessão tão poderosa, em quatro ou cinco dias eu estava bem novamente, com a oxigenação aumentando. Após 18 dias do diagnóstico, recebi alta, assim como minha esposa.

Volto a dizer: nós não sabemos de nada. Alguns continuaram achando que a China criou um vírus com grande virulência e lançou-o para fora. Mesmo com o país asiático proibindo os chineses de viajarem, o mundo inteiro viajou e espalhou a doença. Nós não sabemos exatamente onde, como, por que tudo se desenrolou dessa forma impressionante. Só percebemos que o mundo mudou. E como saímos disso?

Quem se recuperou da doença e se curou sente muita gratidão e mudou sua visão da vida para sempre. Ficou mais generoso, abandonou o orgulho, desenvolveu muita vontade de ajudar as pessoas, aprendeu a obedecer às orientações médicas da OMS. Quem perdeu pessoas queridas – como perdi minha anestesiologista, um colega ortopedista e um cirurgião de 50 anos de idade – sente tristeza e saudade. Mas eu penso que certamente Deus os recebeu e confortou suas famílias.

Eu também defini que, na minha vida, não tenho tempo a perder com nada. Os projetos para curar os pacientes e tratar as pessoas têm de ser executados muito rapidamente, a fim de realizar o maior número possível deles. Do ponto de vista pessoal, a minha fé está muito fortalecida em Nossa Senhora Aparecida, a Virgem Maria, São Luís Orione e Eurípedes Barsanulfo.

Eu me apoio na minha espiritualidade para entender quem são os espíritos de luz e creio que eles ainda precisam realizar algumas tarefas aqui na Terra, talvez por isso tenham sido curados da Covid-19. Também jamais abandono a confiança na medicina para vencer a batalha contra o coronavírus e outras tantas que possam surgir futuramente.

A tecnologia é nossa aliada, vivemos em constante evolução – mesmo que, por vezes, a sensação de impotência ou regressão teime em nos contaminar também. Essa pandemia é prova custosa desse aperfeiçoamento, pois abriu muitas frentes de pesquisas, visando tanto a uma vacina capaz de imunizar o organismo humano contra um agressor poderoso quanto, na área de medicamentos, a tratamentos mais eficazes e, de equipamentos, a respiradores mais acessíveis.

Em dezembro de 2020, recebemos a tão esperada notícia de ter pelo menos quatro vacinas revelando bons resultados. O Reino Unido saiu na frente começando a vacinação em massa da sua população – e todos os países do mundo passaram a fazer planejamento para iniciá-la também. Entramos em 2021 tendo a oportunidade de assistir à aprovação das primeiras vacinas para a proteção contra a Covid-19 para uso emergencial no Brasil como se fosse final de Copa do Mundo.

O tempo dirá os resultados globais a longo prazo, mas as esperanças se renovaram no mundo todo com esse magnífico recorde de prazo em que os cientistas conseguiram produzir algum combate eficaz. Sobre esse avanço da medicina e a evolução do conhecimento, nós devemos ponderar que o fato de tais vacinas serem produzidas mais rapidamente que o habitual não significa pior qualidade ou inexistência de comprovação. Além de contarmos com uma ciência muito mais moderna, houve aplicação colossal de recursos financeiros e empenho demasiado de pesquisadores, cientistas e médicos para o desenvolvimento dessas formulações.

A vida me ensinou

O Brasil teve um pouco mais de dificuldade para iniciar o processo de imunização em virtude das aprovações necessárias por parte da nossa Agência Nacional de Vigilância Sanitária (Anvisa), mas o governo brasileiro tratou de fazer isso com lisura, tentando liberar o processo o mais rápido possível.

Dessa forma, exatamente no dia 17 de janeiro de 2021, um domingo de verão, o Brasil iniciou a campanha de vacinação em São Paulo, com o uso da CoronaVac. Isso foi possível porque, lá no início da pandemia de Covid-19, o Instituto Butantan se associou à fabricante chinesa de medicamentos Sinovac Biotech para conceber, desenvolver e testar em parceria uma vacina que pudesse impedir o colapso do sistema de saúde brasileiro.

Assim, nos dias 18 e 19 de janeiro, especialmente um lote importado da CoronaVac foi distribuído a praticamente todo o país. Naquela segunda quinzena de janeiro, eram aguardadas as doses de outro imunizante, fabricado pela parceria da Universidade de Oxford com a farmacêutica AstraZeneca, que firmou contrato com a Fundação Oswaldo Cruz (Fiocruz) para desenvolvimento dessas vacinas. Alguns entraves na importação atrasaram a chegada dos imunizantes, mas foram resolvidos diplomaticamente.

Vale destacar que nós temos um SUS com um departamento de imunização qualificado como um dos melhores do mundo. Ele apresenta cobertura muito ampla, com campanhas anuais para vacinação de todas as crianças brasileiras (sarampo, poliomielite etc.), de idosos (gripe) e da população em geral em casos de endemias (febre amarela, por exemplo).

Com relação à Covid-19, nós iniciamos o processo de vacinação um pouco tardiamente. A título de comparação, até 22 de janeiro de 2021, no mundo inteiro haviam sido vacinadas mais de 53 milhões de pessoas em 55 países (segundo dados do painel Our World in Data, atualizado pela Universidade de Oxford), enquanto nós estávamos engatinhando nessa ação. Os Estados Unidos são o país que mais vacinou, uma vez que a sede da Pfizer (fabricante junto com a alemã BioNTech da BNT-162b2) fica em Nova Iorque. Naquele mesmo 22 de janeiro, cerca de 16,5 milhões de cidadãos norte-americanos estavam vacinados (5% da população).

Minha mensagem sempre foi: vamos em frente, com fé e esperança! Eu sou da opinião de que todos nós devemos nos vacinar com a vacina que esteja disponível – seja ela qual for. Nós não devemos acreditar em *fake news* sobre possíveis complicações, pois inúmeros estudos científicos são realizados para garantir segurança. Mesmo se cogitando a necessidade de uma adaptação da fórmula, naquele início de 2021, o pensamento tinha de ser "vacinar toda a nossa população", porque, em vez de ter uma doença leve, sem complicações (o que a imunização poderia proporcionar), estávamos vivendo a morte de milhares de brasileiros – e isso poderia ser mudado completamente com a vacinação.

Sendo assim, não podemos deixar de observar a vitória da ciência moderna para ajudar a população, para proteger nosso povo. Essa pandemia de Covid-19 nos mostrou que o SUS não estava preparado para receber tantos pacientes graves. Foi necessário construir hospitais de urgência/emergência, UTI. No entanto, nosso sistema de imunização nacional e gratuito, também do SUS, é um exemplo mundial. Isso é extremamente importante.

Uma situação muito interessante ocorreu no dia 18 de janeiro. Pela manhã, no Aeroporto Internacional de São Paulo, em Guarulhos, foram liberados os lotes de vacinas para todos os estados brasileiros simultaneamente. Só para dar uma noção, no Tocantins, onde moro, lugar distante de São Paulo, na região Norte do país, o lote foi liberado pela manhã, e às cinco horas da tarde da mesma data estava sendo feita a primeira vacinação no estado. Então, a minha impressão foi de que, com o SUS, essa proteção chegaria a todo o país, a todo brasileiro, gratuitamente, da forma mais rápida possível. Que grande conquista do Brasil!

Naturalmente nossas expectativas aumentaram muito com essa chance de vencer a pandemia em um futuro próximo. Mas era preciso lembrar que, mesmo após a vacinação, ainda haveria um período no qual precisaríamos nos proteger com o uso de máscara, com a higienização das mãos com sabão e/ou álcool gel, com distanciamento social.

*Eu acredito que esses cuidados pessoais deverão
ficar para sempre na nossa vida. Não mudarão
mais. E nós devemos melhorar as oportunidades de
novos encontros com amigos e familiares, porém,
deveremos ter uma cultura de maior cuidado, de
mais proteção.*

Sigo a minha jornada de evolução pelo conhecimento, conforme abordei no início deste capítulo, sem esquecer os aprendizados assimilados por todos os médicos na busca por oferecer o melhor atendimento aos pacientes com Covid-19, como atendimento precoce, disponibilidade de medicamentos, anticoagulação, fisioterapia, adoção precoce da posição prona, para tratar possíveis complicações nos pulmões, bem como dar continuidade ao suporte de portadores de outros males com o uso da telemedicina.

Na medicina fala-se muito da doença, mas muito pouco da saúde. E o que mais queremos – tanto eu, que sou da área, como todos os cidadãos de bem – é poder usar todos os recursos disponíveis (e inventar novos), para garantir vida longa e produtiva ao lado da família. A tecnologia é uma aliada cada vez mais importante da ciência, e precisamos evoluir junto com seus avanços para estarmos preparados diante das demandas que ainda virão.

Conclusão

A vida é um livro

A vida me ensinou... *a vida é feita de capítulos. Um não interfere no outro. Mas juntos contam uma história que se eterniza.*

Ao final desta minha narrativa, peço licença a você, leitor, para ponderar sobre as circunstâncias que me fizeram chegar até aqui. Como descrevi no início desta obra, considero que temos uma espécie de "caderno existencial", no qual são anotadas todas as nossas experiências e aprendizados. Alguns deles poderiam ter me levado a percorrer trajetórias não tão prazerosas ou me feito retroceder em vários momentos.

Porém, jamais perdi a minha fé em Nossa Senhora Aparecida, São Luís Orione, Menino Jesus e Eurípedes Barsanulfo, que, tenho certeza, deram-me a força necessária para buscar a realização dos meus projetos e sonhos. Tenho a resiliência como qualidade natural. Lembrando as palavras do meu filho Marcelo, também sou como João Bobo: caio e levanto na mesma hora!

Todas as missões que Deus me deu, eu adoro fazer. Ensinar, tratar pacientes, operar e desenvolver trabalhos científicos são atividades construídas página por página.

No meu capítulo inicial, constam o meu nascimento em um ambiente rural; depois a infância humilde na mineira Ituiutaba; e o despertar do sonho de me tornar médico, com oito para nove anos de idade, junto com a descoberta de que, mesmo sem condições financeiras, eu poderia realizá-lo. Dependia apenas de esforço próprio e de passar no vestibular de uma universidade (sou eternamente grato ao professor Rosenvaldo Morais Coelho por ter me apresentado essa possibilidade!).

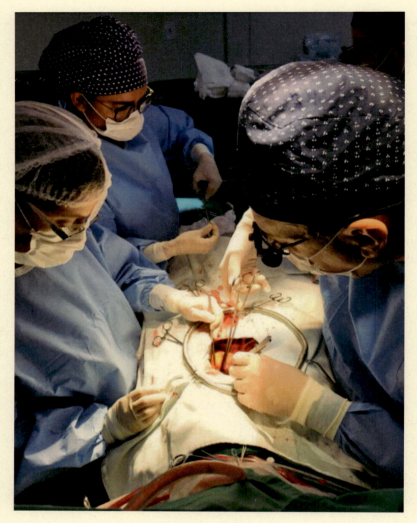

Fonte: acervo do autor

    As páginas deste livro da minha vida seguem revelando parte da minha juventude em Uberaba, quando fui morar com minha mãe, após a surpreendente separação dos meus pais.

    Depois, inicia-se o meu período em Catanduva, na casa de meus tios tão queridos, Clarice e Zeca. Passa pela minha trajetória como professor ministrando aulas de reforço, pela preparação para o concorrido vestibular, pela aprovação na faculdade de

Medicina. É também quando ocorreram meu primeiro casamento e o nascimento da minha filha Priscilla.

Sinto enorme alegria em reafirmar que, seja qual for a condição de cada um, é possível cultivar os mais altos sonhos e realizá-los.

Vira-se a página, e entra em cena São Paulo capital, cidade na qual nasce meu querido filho Fabrício. É onde realizo um enriquecedor trabalho no Hospital do Servidor Público Estadual, tendo a honra de trabalhar com profissionais magníficos.

Então, vem a residência médica no Instituto Dante Pazzanese, o trabalho na UTI no hospital da zona leste paulistana, os plantões no Hospital dos Estivadores de Santos. Terminada essa fase, há a mudança para Bauru, no interior paulista, onde nasce o grande Marcelo.

Note como meus filhos registram meus caminhos: a queridíssima Priscilla nasceu em Santa Adélia (região de Catanduva); Fabrício, meu sucessor na medicina, na capital paulista; e Marcelo, em Bauru.

Dali parto para o Tocantins, estado que aprendi a amar e onde finquei raízes até hoje. Cheguei como "um maluco comprador de fazenda no meio do nada" – nem existia esse estado na época, e aquelas terras ainda pertenciam a Goiás – sem imaginar o tanto que aprenderia, permitindo-me vivenciar as oportunidades que se apresentaram!

A propósito, foi aceitando grandes desafios que me orgulho de ter ajudado a construir toda a estrutura de atendimento cardiovascular do novo estado. A primeira base foi no Hospital Dom Orione, em Araguaína.

Começa outro capítulo do livro da minha vida com a passagem pela Secretaria de Estado da Saúde do Tocantins, comandando a pasta em dois governos, além da disputa aos cargos legislativos de deputado federal e vereador. Não ser eleito me fez entender que a minha missão é cuidar das pessoas.

Volto a focar na atuação como médico e agrego o retorno à minha outra paixão: lecionar e trabalhar casos junto com alunos, como professor concursado na UFT.

Todo fato é válido. Sigo essa premissa desde a minha infância, tentando vivenciar as passagens boas e ruins sempre com um olhar indulgente, mesmo porque encaro as falhas como a melhor base para o crescimento pessoal.

Tenho um baque ao receber o diagnóstico do câncer, até que entendo não significar o fim, mas, sim, uma oportunidade de grande recomeço. Ser portador de uma doença grave é um reinício em vários sentidos. Foi sempre com esse olhar que segui em frente, cuidando de mim sem parar de trabalhar e de fazer as coisas que adoro.

É claro que tive medo em vários momentos. E deparei-me de novo com a fragilidade humana nessa pandemia recente que abalou o mundo. Fui contaminado (juntamente com minha esposa) por um vírus novo para todos nós, mas, felizmente, superei fazendo quarentena em casa.

Perceba que mesmo um médico experiente como eu precisou aprender muito nesse período desafiador, tanto para cuidar de mim como da minha esposa Hagda e da saúde de pacientes cardíacos, reforçando que eles não podiam interromper os respectivos tratamentos.

Sentir saudade de ver a família reunida foi uma característica dessa parte da história. Mas hoje olho para tudo isso e tenho certeza de que até mesmo as grandes crises têm um lado positivo.

No caso, o surgimento da Covid-19 levou várias pessoas a repensarem seu modo de viver e suas relações afetivas. Muitos compreenderam o valor da família, de uma visita a alguém querido, da rotina saudável. Eu, pessoalmente, reafirmei a minha decisão inicial de fazer as coisas que amo – só que de forma muito mais intensa.

Por isso, repito: é preciso aprender a virar as páginas do seu livro da vida. É importantíssimo perceber os capítulos do livro da sua vida. E para ser agradável às pessoas, a maioria das passagens precisa ser de alegria, de construção de coisas positivas. Olhe para as passagens ruins também, mas como aprendizados. Afinal, a vida ensina tantas coisas!

Viver o hoje, sem supervalorizar o passado nem ficar precipitando o futuro, é o meu lema.

Siga criando os capítulos da sua vida e vá virando as páginas, sem voltar atrás nem querer antecipar o final. É isso que fiz. É isso que faço. Desejo que você termine esta leitura inspirado por essa ideia. E busque constante realização pessoal e profissional lembrando-se de contar com uma poderosa dose de paixão e fé!

O que a vida me ensinou como aprendizado maior?

É muito simples.

Se você quer ter uma história feliz, seja honesto e trabalhador; tenha uma fé inabalável no Pai.

Seja também generoso com as pessoas, saiba dividir a sua generosidade e aplique o seu trabalho em favor de todos, mesmo daqueles que não estão percebendo as suas ações.

Fique junto de quem ama, revele seu amor, não se importe com as pessoas que não puderam seguir até o momento atual com você.

Há outras razões para isso ter acontecido.

Cuide de quem puder e cuide-se também.

Assim, certamente você será saudável e muito, muito feliz!

E vamos para o próximo "Adeus, ano velho! Feliz ano novo!

Que tudo se realize, no ano que vai nascer..."

Vida que segue!